MEYERS

FORUM

Paul Kevenhörster

Politik und Gesellschaft in Japan

Prof. Dr. PAUL KEVENHÖRSTER, geboren 1941 in Schwerte; Studium der Wirtschaftswissenschaften und der Politikwissenschaft an den Universitäten Köln, Bonn, Hamburg, Pennsylvania State University (USA) und der Sophia Universität Tokyo; 1968 Promotion an der Universität Köln, 1973 Habilitation an der Universität Bonn; Professor für Politikwissenschaft am Institut für Politikwissenschaft der Westfälischen Wilhelms-Universität Münster; 1982–1988 Kurator der Deutschen Stiftung für internationale Entwicklung (DSE), Berlin. Gastprofessuren am International Institute for Social Information Science Tokyo (1978) und an der Nihon Universität Tokyo (1990).

Veröffentlichungen u. a.: Das politische System Japans, Köln-Opladen 1069. – Wirtschaft und Politik in Japan. Interessengruppen, politische Meinungsbildung und wirtschaftspolitische Entscheidungen, Wiesbaden 1973. – Computerized Policy in Japan. Information Processing in the Japanese Government, Hamburg 1982. – Gemeindedemokratie in Gefahr? Zentralisierung und Dezentralisierung als Herausforderungen lokaler Demokratie in Japan und der Bundesrepublik Deutschland (mit H. Uppendahl), Baden-Baden 1987. – Japan. Außenpolitik und politisches System, Opladen 1993.

MEYERS
FORUM

Paul Kevenhörster

Politik und Gesellschaft in Japan

B.I.-Taschenbuchverlag
Mannheim · Leipzig · Wien · Zürich

MEYERS FORUM 16

Die Deutsche Bibliothek – CIP-Einheitsaufnahme
Kevenhörster, Paul: Politik und Gesellschaft in Japan /
Paul Kevenhörster. – Mannheim; Leipzig; Wien; Zürich:
BI-Taschenbuchverl., 1993 (Meyers Forum; 16)
ISBN 3-411-10311-6
NE: GT

Satz: Krebs-Gehlen-Druck GmbH, Hemsbach
Druck: Druckhaus Langenscheidt KG, Berlin
Bindearbeit: Schöneberger Buchbinderei, Berlin
Printed in Germany
ISBN 3-411-10311-6

Inhaltsverzeichnis

FÜR GISELA

Einleitung

Wer Politik und Gesellschaft Japans verstehen will, tut gut daran, seine auf dem westlichen Verständnis von Staat, Politik und Gesellschaft beruhenden Maßstäbe zu überprüfen und die gesellschaftlichen und kulturellen Besonderheiten Japans zu beachten. Zwar hat Japan politische Ideen und Institutionen aus dem Westen übernommen, ihnen aber zugleich eine eigene Form und neue Inhalte gegeben. Zu Recht hat der japanische Politikwissenschaftler *Masao Maruyama* davor gewarnt, theoretische Verallgemeinerungen aus dem europäischen Kontext auf die politische Entwicklung in Japan zu übertragen. Der ambivalente Charakter politischer Prozesse, die geringere Berechenbarkeit und Zweckrationalität des politischen Verhaltens sprechen dagegen. In der Tat liegt auch ein wesentliches Problem ›... in der erkenntnistheoretischen Besonderheit der ‚Moderne' in Japan, durch welche Literatur wie Sozialwissenschaften gleichermaßen – gegensätzlich *und* voneinander abhängig – geprägt sind.‹[1]

Diese Besonderheiten stellen aber zugleich einen besonderen Reiz für den Versuch einer vergleichenden Darstellung der japanischen Politik dar. Eine Deutung dieser Politik ist noch am ehesten im Rahmen der vergleichenden Politikwissenschaft möglich, die einen allgemeinen Interpretationsrahmen derjenigen Faktoren bereitstellt, die auf den politischen Prozeß einwirken. So sind politische Entscheidungen eine Folge der historischen Voraussetzungen, der sozioökonomischen Basis, der Wertorientierungen und des politischen Verhaltens der Bevölkerung, der Eigendynamik der politischen Institutionen und des Verhaltens der politischen Elite.

Entsprechend können wir Politik und Gesellschaft in Japan nur dann verstehen, wenn wir die Auswirkungen der historischen Bedingungen und der sozioökonomischen Basis auf die Nachkriegsdemokratie prüfen und die Bedeutung gesellschaftlicher Wertvorstellungen für das Verhalten von Wählern, Politikern und Parteien aufzeigen. So wird am ehesten erklärbar, durch welche Kanäle gesellschaftliche Interessen in politische Entscheidungen umgesetzt werden und welche Merkmale das Ergebnis der Politik aufweist. Die japanische Politik erscheint bei einem solchen Vorgehen zwar weniger ›exotisch‹, aber ihre Besonderheiten treten dennoch deutlich hervor: Die besonderen politischen Funktionsbedingungen der neuen Weltmacht Japan erschließen sich nur einer vergleichenden Perspektive.

I. Kapitel: Das politische System bis zum Ende des Zweiten Weltkrieges

1. Der Feudalismus

Die Entwicklung des japanischen Regierungssystems läßt sich in drei Phasen einteilen:[2] Die erste ist durch den Feudalismus gekennzeichnet, die zweite durch den Konstitutionalismus seit der ›Modernisierung‹ Japans und die dritte durch das parlamentarisch-demokratische Regierungssystem nach dem Zweiten Weltkrieg. Angesichts der raschen wirtschaftlichen und sozialen Entwicklung aller Industrienationen in den letzten beiden Jahrhunderten überrascht es, daß Japan bis zur Mitte des 19. Jahrhunderts ein vom Ausland abgeschlossener Feudalstaat war. Grundlagen des Feudalismus waren der im 6. Jahrhundert von China und Korea übernommene Buddhismus und der Einfluß mächtiger Familienklans, die einzelne Landesteile beherrschten und dadurch zu einer ernsthaften Herausforderung für den kaiserlichen Hof werden konnten. Der Kaiserhof stützte sich auf einen Verwaltungsapparat, der nach chinesischen Vorbildern aufgebaut war und nur Mitgliedern der Hofaristokratie offenstand. Eine zu Anfang des 7. Jahrhunderts kodifizierte ›Verfassung der siebzehn Artikel‹ bestätigte die absolute Souveränität des Kaisers (*Tennō*) und die Stellung des Adels.

Trotz verwaltungstechnischer Reformprogramme, die die kaiserliche Regierung stärken sollten, gerieten die Organe der Provinz- und Zentralregierungen in den folgenden fünf Jahrhunderten immer mehr unter die Kontrolle der führenden, vielfach privilegierten Klans. Diese konnten sich auf eine große Gefolgschaft von Lehnsleuten und Soldaten sowie auf den Besitz weiter Ländereien stützen, die der Besteuerung durch die Zentralregierung entzogen waren.

Neben der zivilen Verwaltung entwickelte sich das Militär zu einem immer bedeutenderen Machtfaktor im Staat. An seiner Spitze stand als oberster Bevollmächtigter des Kaisers ein *Shōgun* (Reichsfeldherr), der formal die Stellung eines Militärbefehlshabers innehatte, tatsächlich aber eher ein ›De-facto-Monarch‹ war. Dieser behauptete sich um so stärker, je mehr er die führenden Klans zur Zusammenarbeit zwingen konnte. Militäradministration, zivile Verwaltung und die mächtigen Klans bildeten die Grundpfeiler eines Regierungssystems, das sich bis zur Mitte des 19. Jahrhunderts behauptete.

Die politische Macht wurde unter den Führern der militärischen Klans aufgeteilt, die von der Kriegerklasse der *Samurai* mit ihren einflußreichen Positionen im Heer und in der Verwaltung unterstützt wurden. Die Feudalherren festigten ihre Vormachtstellung, indem sie alle Anzeichen einer beginnenden Mobilität zwischen den sozialen Klassen unterdrückten. Dieser inneren sozialen Immobilität entsprach die Politik des ›geschlossenen Landes‹ (*Sakoku*) gegenüber auswärtigen Staaten.

Die zivile Verwaltung bestand aus dem Premierminister, einem Staatsrat aus vier oder fünf Adligen, dem kleinen Landadel des Zentralgebiets, den sogenannten ›Bannerträgern‹ (niedrigen Vasallen) und einer großen Zahl weiterer Zivilbeamter (*metsuke*). Die soziale Basis dieses Regierungssystems bildete eine Hierarchie sozialer Klassen (*Samurai*, Bauern, Handwerker und Händler), die sich wiederum in zahlreiche Unterklassen aufgliederten. Das hierauf beruhende Feudalsystem wurde während des 19. Jahrhunderts in zunehmendem Maße kritisiert, vor allem von den jungen *Samurai* der vier führenden Klans Satsuma, Chōshū, Hizen und Dosa sowie den *Rangakusha*, den ›holländischen Gelehrten‹. (Die *Rangakusha* waren japanische Gelehrte, die die holländische Sprache beherrschten und daher über Geschichte, Wirtschaft und Politik des Westens informiert waren.) Diese Kritik veranlaßte das Shogunat, die Politik des ›geschlossenen Landes‹ gegenüber auswärtigen Einflüssen aufzugeben, als der amerikanische Commodore Matthew C. Perry im Jahre 1854 erstmals einen Handelsvertrag zwischen Japan und den USA abschloß und damit die Öffnung Japans erzwang. Die Einflüsse, die der nun einsetzende Außenhandel mit den USA auf die japanische Wirtschaftsstruktur ausübte, wurden durch Handelsverträge mit Großbritannien und Rußland verstärkt.

Die stetig ansteigende Verschuldung der Samurai und Bauern sowie eine inflationäre Entwicklung, von der die *Samurai* am meisten betroffen waren, führten zu einer wachsenden Opposition dieser Bevölkerungsgruppen gegen das Shogunat. Hierdurch wurde das Feudalsystem so sehr geschwächt, daß es 1867 vor der bewaffneten Drohung einer Gruppe von Feudalherren aus Westjapan endgültig zusammenbrach.

Mit dem Untergang des Feudalismus setzte die ›Restaurationsperiode‹ ein, in der formal der Kaiser, tatsächlich aber die politische Klasse der Feudalherren von Satsuma und Choshu die politische und militärische Gewalt übernehmen sollte. Unter Kaiser *Meiji*, der von 1867 bis 1912 an der Spitze des Staates stand und die Modernisierung Japans in Angriff nahm, wurden 1869 die Lehen und Fürstentümer als die wesentlichen Grundlagen des Feudalismus abgeschafft und das Land neu in Präfekturen (*ken*) eingeteilt. Die Einführung der allgemeinen Wehrpflicht beseitigte die Vorrechte der *Samurai*, die nun auch ihre wirtschaftlichen Privilegien verloren. ›Reiches Land, starke Armee‹ lautete eine Maxime der Reformer.

Diese Maßnahmen reichten jedoch nicht aus, ein demokratisches Regierungssystem zu schaffen, wie es von einer kleinen, aber einflußreichen Gruppe seit Mitte des 19. Jahrhunderts gefordert wurde. Mitglieder dieser Gruppe waren Verwaltungsbeamte, Professoren, Kaufleute und Industrielle. Ihre Forderungen, die bald von einer großen Zahl unzufriedener Arbeiter und Bauern aufgegriffen wurden, gingen jedoch an der Tatsache vorbei, daß die sozialen Voraussetzungen demokratischer Regierungsweise nur teilweise vorhanden waren.

Die Sozialstruktur war so sehr durch das starre Klassensystem der Feudalepoche, das Fehlen einer breiten bürgerlich-liberalen Öffentlichkeit und die außerordentlich geringe soziale Mobilität geprägt, daß sich demokratische Reformen trotz der immer mehr um sich greifenden demokratischen Strömungen wie der *Jiyū minken undō* (›Bewegung für Freiheit und Rechte des Volkes‹) nur schwer durchsetzen konnten.

2. Der Konstitutionalismus

Der Kaiser trug den demokratischen Strömungen dadurch Rechnung, daß er 1868 in einem ›Gnadeneid‹ die Bildung eines beratenden Ausschusses versprach und der öffentlichen Meinung einen Einfluß auf die Regierungsgeschäfte zubilligte. 1879 wurden die ersten Wahlkörperschaften gebildet. Diese Landtage wurden nur von den Mitgliedern der oberen Einkommensschichten als den Trägern hoher Steueraufkommen gewählt. Eine Nationalversammlung sollte zum ersten Mal 1890 zusammentreten.

Obgleich in diesem Zeitraum auch die Bestrebungen, Japan eine Verfassung nach englischem Muster zu geben, sehr stark waren, ließ sich die Mehrheit des verfassunggebenden Ausschusses unter dem Einfluß des deutschen Staatswissenschaftlers Hermann Roesler bei ihren Beratungen vom Inhalt der preußischen Verfassung leiten. Die am preußischen Vorbild orientierte *Meiji*-Verfassung, die am 11. Februar 1889 feierlich proklamiert wurde, wies daher einen dualistischen Grundcharakter auf, wie er für die Verfassung einer konstitutionellen Monarchie kennzeichnend ist. Auf der einen Seite wurde – wenn auch bei eng begrenztem Stimmrecht – das Prinzip der Wahl eingeführt; andererseits suchten die Verfassunggeber den Handlungsspielraum der demokratischen Kräfte durch die Institutionen des Staatsrats, des Oberhauses und der dem Parlament nicht verantwortlichen Regierung von vornherein in engen Grenzen zu halten.[3] Trotz dieser Hemmnisse entwickelte sich schon bald eine Tendenz zum parlamentarischen System, wie sie etwa in Deutschland vor 1917 nicht in gleichem Umfang festzustellen war. Diesem Trend stand jedoch der große Einfluß des Militärs auf Regierungsbildung und Politik entgegen. Daraus ergab sich ein Spannungsverhältnis, das sich mit dem Begriff des ›Doppelkabinetts‹ umschreiben läßt.

Grundlage dieses Systems war die Tatsache, daß stets ein aktiver Offizier das Amt des Kriegsministers ausübte. Generalstab und Admiralität konnten die Regierung so durch die Androhung des Rücktritts ihres Repräsentanten im Kabinett unter Druck setzen. Ähnlich konnten sie Regierungsbildungen erschweren, wenn ihnen der designierte Premierminister nicht genehm war. Gelang es den Militärs nicht, ihre Auffassungen schon im Stadium der Regierungsbildung durchzusetzen, versuchten sie, die politischen Entscheidungen über die *Genrō* (›ältere Staatsmänner‹), das in der Verfassung nicht vorgesehene, aber einflußreiche Beratungsorgan des Kaisers, zu beeinflussen.

Trotz dieser starken Einflußmöglichkeiten des Militärs kennzeichnet der Begriff des Doppelkabinettsystems nicht uneingeschränkt die gesamte politische Entwicklung des japanischen Konstitutionalismus. Denn der Einfluß der Militärs und der anderen traditionellen Kräfte hing – ebenso wie in anderen Ländern – wesentlich von der Struktur des Parteiensystems ab. Je mehr es die Parteien verstanden, das ihnen zur Verfügung stehende politische Instrumentarium (parlamentarische Zustimmung zu den Gesetzen und Verordnungen, Haushaltsbewilligung etc.) zu nutzen, um so eher konnten sie auch in einer konstitutionellen Monarchie gegenüber der Exekutive ihre Vorstellungen geltend machen.

3. Stadien der Parteienentwicklung

Die Entwicklung des japanischen Parteiensystems bis 1945 kann in drei Phasen eingeteilt werden: Im Anfangsstadium gelang es den politischen Parteien noch nicht, Zusammensetzung und Politik der Regierung nachhaltig zu beeinflussen. Hierzu waren sie erst in der zweiten Entwicklungsphase, insbesondere von 1918 bis 1931, in der Lage. Diesen Aufwärtstrend des Parteiensystems unterbrach die Weltwirtschaftskrise und leitete das dritte Stadium ein, in dem der Einfluß der Parteien wieder zurückging. Diese Phase endete 1945.

Bestrebungen demokratischer Kräfte, sich zu politischen Parteien zu formieren, setzten zwar bereits im Jahr 1872 ein. Es sollte aber noch zehn Jahre dauern, bis die ersten Parteien, die Liberale Partei (*Jiyūtō*) und die Reformpartei (*Kaishintō*), ins Leben gerufen wurden. Die Gründung dieser Parteien richtete sich gegen Adel, Klans und Heer, deren Mitglieder in der Restaurationsperiode und auch noch in der frühen *Meiji*-Ära die Zusammensetzung der Regierung bestimmten. Nach der Proklamation der *Meiji*-Verfassung schien die politische Bedeutung dieser von den frühen Parteien repräsentierten Protestbewegung zunächst zuzunehmen, da die Verabschiedung aller Gesetze die Zustimmung der Parlamentsmehrheit voraussetzte. Aus diesem Grund rief die Regierung am 18. März 1882 zur Gründung der Reichspartei (*Teiseitō*) auf, die den parlamentarischen Rückhalt des Kabinetts bilden und in den Auseinandersetzungen mit den übrigen Parteien den Standpunkt der Regierung vertreten sollte.

Wie in anderen konstitutionellen Monarchien sollte diese konservative Partei ein Bollwerk gegen die aufstrebenden, reformfreudigen Parteien bilden.

Zwischen 1890 und 1894 versuchten die Parteien erfolglos, das Budget und damit die gesamte Politik der Regierung durch parlamentarische Diskussionen und öffentliche Versammlungen in die von ihnen gewünschte Richtung zu lenken. Da nach Auffassung von Premierminister *Itō* die Verfassungsorgane bei einer Daueropposition des Reichstages nicht funktionieren konnten, beteiligte er 1895 zunächst die Liberale Partei an seiner Regierung, indem er deren Vorsitzendem *Itagaki* das Innenministerium übertrug. Drei Jahre später beteiligte er auch die Reformpartei an seinem Kabinett. So kam am 30. Juni 1898 die erste Parteienregierung in der japanischen Geschichte zustande. Diese Regierung hatte aber nur kurze Zeit Bestand: Schon 1901 gelang es dem Führer des Militärs, General *Yamagata*, den Rücktritt Premierminister *Itōs* zu erzwingen.

Insgesamt gesehen gilt für die 18 Regierungen, die sich bis 1918 ablösten, daß die politischen Parteien zwar nicht immer die eigentlichen politischen Machtträger darstellten, ihre Auffassung aber von der Regierung respektiert werden mußte, wenn sie bei der Durchsetzung ihres politischen Programms nicht an der Parlamentsmehrheit scheitern wollte. Dies hatte in mehreren Fällen zur Folge, daß die Parteien selbst die Regierung stellten und damit verstärkt zu Instrumenten demokratischer Regierungsweise wurden. Schon damals war daher die Tendenz zum Parlamentarismus in Japan stärker als etwa im Deutschland des Kaiserreichs, wurde aber dadurch gehemmt, daß das Militär keiner effektiven zivilen Kontrolle unterlag.

Durch die fehlende politische Kontrolle des Militärs wurde der Handlungsspielraum der Kabinette stark eingeschränkt. Die Militärs engten die Kompetenzen des Reichstages so weit ein, daß sie schließlich allein die Regierungspolitik bestimmen konnten. Schlußpunkt dieser Entwicklung waren die Auflösung und der zwangsweise Zusammenschluß der Parteien zur totalitären ›Vereinigung zur Unterstützung der Kaiserherrschaft‹ (*Teisei Yokusankai*) im Jahre 1940.

Insgesamt zeigt die Entwicklung des japanischen Parteiensystems von den Anfängen des Konstitutionalismus bis zum Zweiten Weltkrieg keineswegs einen gradlinigen Trend zum Militarismus. Bis 1931 war zunächst eine kontinuierliche Annäherung an den Parlamentarismus festzustellen; diese Entwicklung wurde aber durch eine Reihe von Faktoren unterbrochen, von denen der mangelnden Kohäsion der Parteien, der tiefgreifenden Korruption der politischen Entscheidungsgremien, der Unterstützung rechtsradikaler Organisationen durch Armee und Landwirtschaft, den Auswirkungen der Weltwirtschaftskrise auf die japanische Wirtschafts- und Sozialstruktur und der fehlenden zivilen Kontrolle des Militärs besondere Bedeutung zukommt. Diese Faktoren haben den Handlungsspielraum der Parteien erheblich eingeengt und auf diese Weise die Ablösung der Parteienkabinette durch Militärregierungen ermöglicht.

Die *1932* gegründete Soziale Massenpartei (*Shakai Taishūtō*), die 1936 eine halbe Million Stimmen und 18 Reichstagsmandate gewann, versuchte nachhaltig, eine Militärdiktatur zu verhindern, blieb aber schließlich erfolglos. Die ›Kompromißregierungen‹ aus Militärs und Politikern widersetzten sich zunehmend den Beratern des Kaisers, die am System der Parteienregierungen festhalten wollten. Stattdessen wurde die Politik in zunehmendem Maße vom Militär bestimmt, das einen aggressiven, expansionistischen Kurs verfolgte. Im November 1938 verkündete Premierminister *Konoe* die ›Neue Ordnung‹ in Ostasien, die Japan, China und die Mandschurei unter der politischen, militärischen und wirtschaftlichen Kontrolle Japans zusammenfassen und die in den folgenden Jahren auf ganz Ostasien ausgedehnt werden sollte.

Der politische Einfluß der radikalen Militärs verstärkte sich noch, als die zweite Regierung *Konoe* am 27. September 1940 ein Drei-Mächte-Abkommen mit Deutschland und Italien und im April 1941 ein Neutralitätsabkommen mit der Sowjetunion unterzeichnete. Die Verhandlungen mit den USA über die japanische Chinapolitik und über die Erneuerung des Handelsvertrages blieben dagegen ohne Erfolg, so daß sich *Konoe* im Oktober 1941 zum Rücktritt gezwungen sah. Das Amt des Premierministers übernahm *Hideki Tōjō*, der sich als Vertreter des Oberkommandos sah und am 7. Dezember 1941 Pearl Harbour angriff, ohne den USA zuvor den Krieg erklärt zu haben.

Als die Vereinigten Staaten immer stärker das Kriegsgeschehen bestimmten und die militärischen Stützpunkte der Japaner im südostasiatischen Raum nach und nach einnahmen, trat das

Kabinett *Tōjō* am 18. Juli 1944 zurück. Auch *Tōjōs* Nachfolger, General *Kuniaki Koiso*, konnte sich wegen der zunehmenden Verschlechterung der militärischen Lage nur bis zum 5. April 1945 halten und wurde von Admiral *Kantarō Suzuki* abgelöst, der für eine baldige Beendigung des Krieges eintrat. Am 15. August verkündete der Kaiser die bedingungslose Kapitulation Japans. Mit seiner ganzen Autorität setzte er sich für den Waffenstillstand und die Durchführung der Direktiven des Alliierten Oberkommandos ein. Auf diese Weise erleichterte er die Durchsetzung der demokratischen Reformen, die während der Besatzungszeit durchgeführt wurden und das politische System grundlegend veränderten. Damit setzte eine nachhaltige Demokratisierung von Politik und Gesellschaft ein.

4. Die Modernisierung

Die Modernisierung Asiens, das erst spät von der Industriellen Revolution erfaßt wurde, hat ganz überwiegend im 20. Jahrhundert stattgefunden.[4] Im Zuge dieses Prozesses, der sich in Japan bereits in den letzten Dekaden des vorigen Jahrhunderts ankündigte, vollzogen sich die wirtschaftlichen, gesellschaftlichen und politischen Modernisierungsschübe keineswegs parallel. Während die politische Modernisierung in mehreren Ländern Asiens die Form der parlamentarischen Demokratie annahm, blieb die Gesellschaftsstruktur weiterhin traditionellen Mustern verhaftet. Das westliche Fortschrittsdenken erfaßte vor allem die Wirtschaft, in Ansätzen die Politik und nur in geringerem Umfang auch die Gesellschaft.

Japans Modernisierung – beispielhaft für andere Länder Asiens – wurde dadurch erleichtert, daß der fernöstliche Inselstaat seine Identität zu wahren vermochte, eine geschlossene Entwicklungsstrategie verfolgen und sich dabei auf eine homogene und zugleich lernwillige Bevölkerung stützen konnte. Die japanische Gesellschaft war zudem – in einem gewissen Gegensatz zu China – eine ›korporative‹ Gesellschaft mit einem hohen Grad vertikaler Integration. Die Beziehungen innerhalb der Familie sowie zwischen der Familie, der Gemeinde und der staatlichen Gemeinschaft waren streng hierarchisch gegliedert

– ein Orientierungsmuster, das der politischen Integration zugute kam und den Aufbau komplexer Organisationen in Politik und Wirtschaft erleichterte.

Eine konsequente Politik der Modernisierung war in Japan – wie auch später in anderen Staaten Ostasiens – zügiger und nachhaltiger durchzusetzen, weil im Unterschied zu vielen anderen Ländern zu Beginn der Modernisierung besondere gesellschaftliche und kulturelle Ausgangsbedingungen bestanden.[5] Die Modernisierung erzwang somit nicht den Verzicht auf überkommene gesellschaftliche Strukturen. Wie auch in China und Korea wurde die politische und gesellschaftliche Modernisierung durch eine hohe Wertschätzung von Bildung und Erziehung, einen starken Zusammenhalt der Familie sowie eine hohe Arbeitsethik nachhaltig gefördert. Wie sind diese historischen Erfahrungen systematisch einzuordnen? Wie sind sie im Rahmen eines Vergleichs zu bewerten?

Die vergleichende Japanforschung hat sich der Dominanz konvergenztheoretisch orientierter Modernisierungs- und Entwicklungsansätze nicht entziehen können, zumal diese Ansätze weitgehend auch dem japanischen Selbstverständnis entgegenkamen.[6] Dafür spricht nicht zuletzt die für das Japan der Nachkriegszeit geltende Losung von der Notwendigkeit, Europa und Amerika nicht nur ein-, sondern auch zu überholen.[7] Zu Beginn der siebziger Jahre hatte Japan einen dem westlichen Standard entsprechenden Stand erreicht; damit entfiel die Notwendigkeit, sich am – wie auch immer gearteten – westlichen Modell zu orientieren. Versuche, die japanische Entwicklung mit Hilfe eines an westlichen Vorbildern entwickelten Modells zu messen, erscheinen vor diesem Hintergrund als überholt.

5. Japan als ›Spätentwickler‹

Die Versuche, die Entwicklung und Modernisierung von Gesellschaften allgemeingültig zu deuten, haben zu mehreren Theorien geführt, die für die Interpretation der japanischen Entwicklung herangezogen werden können. Das gilt zunächst für die alle gesellschaftlichen Bereiche umfassende Studie von Walt W. Rostow.[8] Besonders die in dem Rostow'schen Stadienmodell enthaltene Phase des ›Take-off‹ entfachte Diskussionen über die Frage, ob ein Zeitpunkt im Verlauf der Entwicklung besteht, zu dem die ›große Wende‹ zum Aufschwung durch die Schaffung wirtschaftlicher, sozialer und politischer Rahmenbedingungen eingeleitet werden könne. Nach Rostow sollte sich eine einmal induzierte Entwicklung durch ›ein selbsttragendes Wachstum‹ über verschiedene Entwicklungsstufen fortsetzen.

In Anlehnung an die Rostow'sche Phase des ›Take-off‹ versucht Gerschenkron den ›great spurt‹ eines Landes in Abhängigkeit vom Grad der relativen Rückständigkeit zu erklären.[9] Je rückständiger ein Land zu Beginn der Industrialisierung ist, desto vehementer und großangelegter erfolgt die Industrialisierung – einerseits, weil notwendige infrastrukturelle Anlagen als Voraussetzung der wirtschaftlichen Aktivitäten entstehen müssen, andererseits, weil der technologische Vorsprung höherentwickelter Länder eine Herausforderung darstellt, die vorteilhaft genutzt werden kann. Die These Gerschenkrons lautet, daß sich der ›great spurt‹ um so vehementer vollzieht, je rückständiger ein Land zu Beginn der Industrialisierung ist; Voraussetzung ist jedoch, daß der Staat, die Banken oder die Unternehmer den Anstoß zur Entwicklung geben.

Eine Einordnung der japanischen Entwicklung hat Rosovsky in Anlehnung an Gerschenkron vorgenommen und das Bruttosozialprodukt, das Bevölkerungswachstum, die Industriestruktur, die Technologie und die internationalen Kontakte zu Beginn der Industrialisierung untersucht.[10] Zu diesem Zeitpunkt (1868) habe Japan eine Mittelposition zwischen den industriellen ›Frühentwicklern‹ in Westeuropa und den Entwicklungsländern Afrikas und Asiens eingenommen. Die *Meiji*-Regierung habe im Modernisierungsprozeß folgende Reformen erfolgreich eingeleitet:

- Reform der Klassenstruktur,
- Lockerung der staatlichen Kontrolle des Verkehrs- und Kommunikationssystems,
- freie Berufswahl,
- Land- und Steuerreform; Schaffung von Privateigentum,
- Aufbau eines modernen Bankwesens.

Durch diese Reformen gelang es Japan, aufgrund seines nachgelagerten und dynamischen Entwicklungsbeginns eine expansive wirtschaftliche Entwicklung einzuschlagen. Während Gerschenkron und Rosovsky die Auswirkungen der relativen Rückständigkeit auf unterschiedliche Bereiche des politischen und wirtschaftlichen Systems analysieren, betont Ronald P. Dore als wesentlichstes Kennzeichen der Spätentwicklung die dualistische, organisationsorientierte Wirtschaftsstruktur.[11]

Die bereits von Gerschenkron getroffene Feststellung, daß sich bei relativer Rückständigkeit eines Landes die wirtschaftliche Entwicklung vorrangig über die Entstehung von Großunternehmen vollzieht, veranlaßt Dore zu einer Untersuchung der Unternehmensstruktur bei Erst- und Spätentwicklern. Er kommt zu dem Ergebnis, daß in die Organisation der Großunternehmen der spätindustrialisierenden Länder die Erfahrungen der Unternehmen entwickelter Länder eingehen und somit entwicklungshemmende Konflikte antizipiert werden können. Dadurch werde eine rasche wirtschaftliche Expansion ermöglicht.

Während Gerschenkron die Vorteilhaftigkeit der Spätentwicklung vor allem auf den Technologietransfer zurückführt, versucht Dore, auch andere Aspekte, wie beispielsweise motivationstheoretische Erkenntnisse und Management-Know-how, in die Betrachtung einzubeziehen. Um die japanischen Kennzeichen der Spätentwicklung verallgemeinern zu können, müßten diese auch auf andere Länder in Anhängigkeit vom Grad der relativen Rückständigkeit übertragbar sein.

Wie die Modernisierungsforschung geht auch die Doresche ›Theorie der Spätentwicklung‹ von der grundlegenden Bedeutung der Industrialisierung für die Struktur sozialer und politischer Systeme aus. Entgegen der konvergenztheoretischen Perspektive führen Industrialisierungsprozesse jedoch nicht zum Aufbau gleichartiger ökonomischer, sozialer und politischer Strukturen in unterschiedlichen Ländern. ›Spätentwickler‹ unterscheiden sich von ›Normalentwicklern‹ vielmehr dadurch, daß es bei ihnen von Anfang an zur Ausprägung von dualistischen Systemen kommt: So bilden sie zwar privatkapitalistisch organisierte Wirtschaftssysteme mit freiem Kleinunternehmertum und offenen Arbeitsmärkten, gleichzeitig führen jedoch vor allem massive Staatsinterventionen zur Bildung von staatlichen oder staatlich gestützten Konzernen und Großunternehmen mit bürokratischen Strukturen. Diese sind aufgrund ihrer Anfangsgröße schon nicht mehr zur Entwicklung paternalistischer Arbeitgeber-Arbeitnehmer-Beziehungen geeignet. Organisationsinterne Karrieremuster verhindern die Entwicklung freier Arbeitsmärkte. Die Größe der Konzerne sichert ihnen gleichzeitig auch erheblichen politischen Einfluß; denn Konzernzusammenbrüche würden den Staat zur Intervention verpflichten. Die bürokratisch gelenkten Großkonzerne bilden hochdifferenzierte Daseinsvorsorgesysteme aus und wirken entscheidend an Ausbildungsprozessen mit.

›Spätentwickler‹ sind überdies gezwungen, anstelle einer kontinuierlichen technologischen Entwicklung ›technologische Sprünge‹ zu vollziehen, um Anschluß an die internationale Entwicklung zu gewinnen. Grundlage technologischer Sprünge sind hochentwickelte Schulsysteme sowie die Tatsache, daß Gründung und Organisation von Gewerkschaften aufgrund der Größe der Konzerne in der Regel nicht überbetrieblich, sondern innerbetrieblich erfolgen. Damit ist es möglich, auch die Gewerkschaften einzubinden.

Als wichtigste Strukturmerkmale von Spätentwicklern können mithin gelten:

- die gleichzeitige Entwicklung von Großkonzernen sowie Klein- und Kleinstunternehmen,
- die gleichzeitige Ausbildung patriarchalisch organisierter Klein- und bürokratisch organisierter Großbetriebe,
- das gleichzeitige Nebeneinander betriebsunabhängiger und betriebsinterner Arbeitnehmerorganisationen bei Dominanz betriebsinterner Organisationen,
- die gleichzeitige Existenz freier und geschlossener Arbeitsmärkte (bei Dominanz geschlossener Arbeitsmärkte),
- die gleichzeitige Ausbildung betriebsinterner und staatlicher Daseinsvorsorge- und Infrastruktureinrichtungen (bei Dominanz innerbetrieblicher Systeme).

In dieses Schema der Spätentwicklung und nachholender Industrialisierung fügt sich der wirtschaftliche Aufstieg Japans gut ein. Dieser war durch größere Brüche, aber auch durch eine höhere Dynamik gekennzeichnet als die entsprechende Entwicklung in den Industriestaaten Europas und Amerikas.

II. Kapitel: Die politischen Institutionen

1. Die Japanische Verfassung

Vier Tage nach dem Abwurf der Atombombe über Hiroshima erklärte die japanische Regierung am 10. August 1945 ihr Einverständnis mit den Bedingungen der ›Potsdamer Erklärung‹ – allerdings unter der Voraussetzung, daß das Kaisertum beibehalten würde. Die Kapitulationsurkunde wurde am 2. September 1945 unterzeichnet. Die Kapitulation hatte drei politische Folgen:

1. Japan verlor seine Souveränität und wurde dem Alliierten Oberbefehlshaber unterstellt.
2. Die japanische Regierung war zur Zerstörung des Kriegspotentials und zur Entwaffnung der Truppen verpflichtet.
3. Die oberste Gewalt des Kaisers wurde negiert, und die politischen Grundrechte wurden garantiert.

Die Entstehungsgeschichte der neuen Japanischen Verfassung zeigt, wie sehr die Vereinigten Staaten auf einer Demokratisierung der japanischen Nachkriegsverfassung bestanden. Schon am 4. Oktober 1945 äußerte der Alliierte Oberbefehlshaber, Douglas MacArthur, gegenüber Minister *Konoe*, dem für Verfassungsfragen zuständigen Regierungsmitglied, die Verfassung müsse geändert werden. Dem Alliierten Hauptquartier ging es hierbei vor allem um eine Ausdehnung der Befugnisse des Unterhauses, das Prinzip der parlamentarischen Verantwortlichkeit, die Demokratisierung des Oberhauses, eine erhebliche Einschränkung der Rechte des Kaisers, die Garantie der Grundrechte, eine unabhängige Rechtsprechung und die Abschaffung des Geheimen Staatsrats.

In ihrer endgültigen Fassung beruht die neue Japanische Verfassung auf zwei politischen Zielsetzungen: der Sicherung des Friedens nach außen und der Schaffung einer parlamentarischen Demokratie im Innern. Vor allem Art. 9 JV zielt auf die Verwirklichung der Friedenssicherung nach außen. Zugleich ist dieser Artikel aufgrund der Wiederaufrüstung die am heftigsten umstrittene Verfassungsnorm:

›Im aufrichtigen Streben nach einem auf Gerechtigkeit und Ordnung neu gegründeten internationalen Frieden verzichtet das japanische Volk für immer auf den Krieg als ein souveränes Recht der Nation und die Androhung und die Anwendung von Gewalt als Mittel, internationale Streitigkeiten zu regeln. Um diesen Endzweck des vorangegangenen Abschnitts zu erreichen, werden nie mehr Land-, See-, und Luftstreitkräfte sowie weiteres Kriegspotential unterhalten werden.‹[12]

Somit ächtet diese Verfassungsnorm nicht nur den Krieg als solchen, sondern die Anwendung von Waffen überhaupt. Doch noch stärker als in dieser Verfassungsnorm kommt die Demokratisierung der Japanischen Verfassung in der geänderten verfassungspolitischen Stellung des Kaisers, der Regierung und des Parlaments zum Ausdruck. Die Wirkungsweise dieser politischen Institutionen ist stark gekennzeichnet durch das Spannungsverhältnis zwischen demokratischer Intention und traditionellen Verhaltensweisen, wie es in der Entstehungsgeschichte der Japanischen Verfassung begründet liegt. Denn die verfassungspolitischen Vorstellungen der amerikanischen Besatzungsmacht stießen auf den Widerstand konservativer politischer Kräfte. Dieser Gegensatz prägte die Funktionsweise der Verfassungsorgane in der Nachkriegszeit.

2. Der Kaiser

Während der *Tennō* zur *Meiji*-Zeit als Inhaber oberster Souveränität Herrschaftsfunktionen ausübte und sowohl in personellen wie in sachlichen Fragen über erhebliche Entscheidungskompetenzen verfügte[13], sind seine Aufgaben durch die Nachkriegsverfassung auf Funktionen symbolischer Natur beschränkt worden. Die Institution des Kaisertums wurde so modifiziert und die staatliche Förderung des nationalen Shintō-Glaubens als Fundament der Kaiserverehrung und als nationalistische Geschichtsbetrachtung untersagt. Staat und Gemeinden durften die Shintō-Schreine fortan nicht mehr finanziell unterstützen. Der Kaiser selbst stellte sich dieser Entwicklung nicht entgegen, sondern verneinte in seiner aufsehenerregenden Neujahrsansprache am 1. Januar 1946 die Göttlichkeit des *Tennō* vor der japanischen Öffentlichkeit. Als ›Symbol des Staates‹ (Art. 1 JV) verfügt er über keine politische Macht. So hat er nach den Bestimmungen der Verfassung bisher weder die Zusammensetzung eines Kabinetts noch den Inhalt politischer Entscheidungen beeinflussen können.

Wie Umfrageergebnisse zeigen, kann sich die Institution des Kaisertums auf eine breite Zustimmung in der Bevölkerung stützen: Mehr als vier Fünftel der Befragten bejahen die Institution und sieben von zehn Japanern empfinden für den *Tennō* Sympathie.[14] Eine Änderung seiner Stellung streben nur wenige an – selbst die Kommunisten würden die Institution nicht ohne eine Volksbefragung abschaffen. Politische Entscheidungskompetenzen für den Kaiser verlangen indessen nur Vertreter der extremen Rechten.

Eine politisch sensible Frage ist der Zusammenhang zwischen dem Shintoismus, dessen weitere staatliche Förderung die neue Verfassung untersagt, und der Stellung des *Tennō*. Im Unterschied zu den Intentionen der Verfassung haben die Thronfolgeriten nach der Thronbesteigung durch Kaiser *Akihito* (*Heisei-Tennō*) im November 1990 erneut den Einwand auf sich gezogen, sie tradierten und dokumentierten den traditionellen Herrschaftsanspruch des Kaiserhauses.[15] Angesichts dieser Herrschaftstradition und ihrer historisch-kulturellen Grundlagen muß in jeder Wiederannäherung von *Shintō* und Staat eine Gefahr für die demokratischen Legitimationsgrundlagen der Verfassung gesehen werden: Je mehr die Stellung des *Tennō* religiös legitimiert wird, um so stärker entzieht sie sich den Verfassungsgrundsätzen demokratischer Souveränität.

3. Die Regierung

Die neue Verfassung brachte für die Exekutive Japans zwei einschneidende Veränderungen: Zum einen liegt die ausführende Macht nur noch beim Premier und seinem Kabinett. Dabei nimmt der Premier eine Vorrangstellung ein, da er die Macht besitzt, Minister zu ernennen oder zu entlassen (Art. 68 JV). Diese Neuordnung der Exekutive ist in den Artikeln 65 und 66 I JV beschrieben: ›Die ausführende Gewalt liegt beim Kabinett‹ (Art. 65). ›Das Kabinett besteht aus dem Premierminister, wel-

Abbildung 1: Das politische System Japans

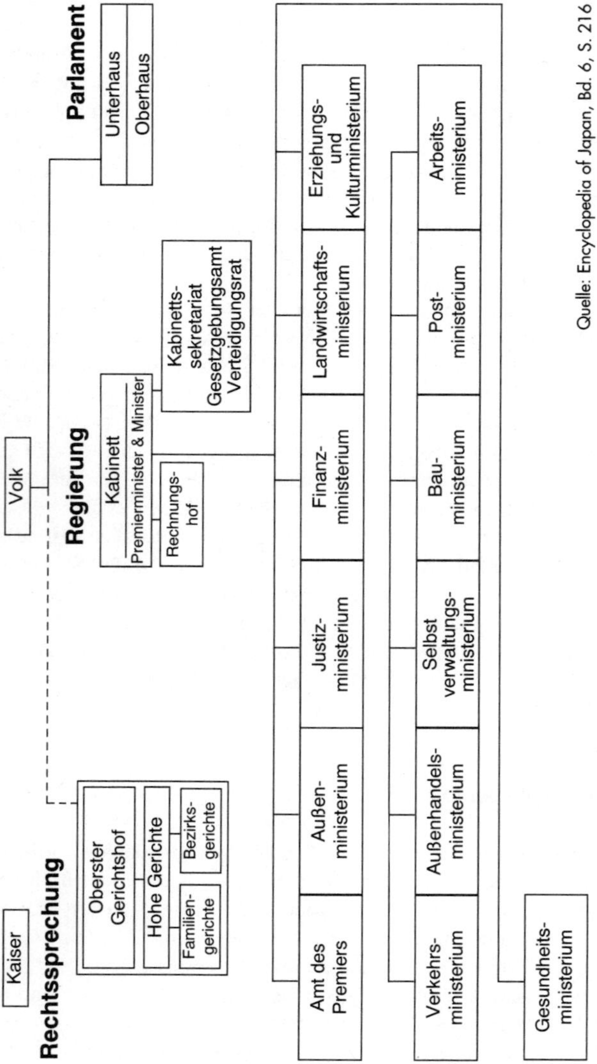

Quelle: Encyclopedia of Japan, Bd. 6, S. 216

cher seine Spitze bildet, und weiteren gesetzlich vorgesehenen Staatsministern‹ (Art. 66). Der Regierung unterstehen ferner das Kabinettssekretariat, das Gesetzgebungsamt, der Verteidigungsrat und weitere Ämter, Sekretariate und Kommissionen.

Die Führungsstellung des Premierministers wird durch das Recht zur Parlamentsauflösung verfassungsrechtlich gestärkt. Dadurch kann der japanische Regierungschef wie der britische Premier in streitigen Fragen die Handlungsfähigkeit seiner Regierung durch die Ansetzung von Neuwahlen auf plebiszitärer Grundlage erneuern. Von dieser Möglichkeit haben fast alle Regierungschefs Gebrauch gemacht, um ihre politische Stellung in der Öffentlichkeit und vor allem in der eigenen Partei zu festigen.

Weniger als durch eine positive Beurteilung seiner politischen Leistungsbilanz in der Öffentlichkeit wird die Stellung des Premierministers aber durch die Konstellation der Faktionen (*habatsu*) in seiner eigenen Partei und den Rückhalt in seiner eigenen Faktion bestimmt. Eine fehlende innerparteiliche Unterstützung durch die maßgeblichen ›Bosse‹ der Faktionen kann auch durch eine hohe Popularität des Regierungschefs nicht ausgeglichen werden. Dies hat insbesondere die Abdankung von Premierminister *Kaifu* im Oktober 1991 gezeigt. *Kaifus* Unterstützung tiefgreifender politischer Strukturreformen (Wahlrechtsreform, Reform der Parteienfinanzierung) wurde von seinen Gegnern – in der eigenen wie in den anderen Faktionen – dazu genutzt, diese Reformen abzulehnen, ihre Verabschiedung durch eine Vertagung der Beratung in die nächste Legislaturperiode zu unterbinden und dadurch den Premier zum Rücktritt zu zwingen.

Die Machtkonkurrenz zwischen den Faktionen destabilisiert somit die Regierung. Der jeweilige Premierminister ist nur insoweit und nur so lange handlungsfähig, als er die Mehrheit der Faktionen hinter sich weiß. Die Folge ist eine hohe Fluktuation des politischen Führungspersonals. In den 23 Jahren von 1964 bis 1987 haben an der Spitze des Finanzministeriums 12 Minister gestanden, an der des Außenministeriums 15, an der des Ministeriums für Außenhandel und Industrie (MITI) 19, an der des Erziehungsministeriums 22, an der des Landwirtschaftsministeriums 21, an der des Postministeriums 24 und an der des Sozialministeriums 22. Entsprechend betrug die ›mittlere Verweildauer‹ der Ressortchefs in diesen Ministerien 16,4 Monate (Finanzministerium), 15,9 Monate (Außen), 13,2 (MITI), 11,4 (Erziehung), 10,9 (Landwirtschaft), 10,9 (Post), und 10,5 Monate im Sozialministerium.

Tabelle 1: Die japanischen Regierungen nach dem Zweiten Weltkrieg[1]

Premierminister	Regierungszeit	Kabinetts-umbildungen
Higashikuni	17.8.1945–8.10.1945	—
Shidehara	9.10.1945–21.5.1946	—
Yoshida	22.5.1946–31.5.1947	1
Katayama	1.6.1947–31.5.1948	—
Serita	10.3.1948–14.10.1948	—
Yoshida	15.10.1948–9.12.1954	7
Hatoyama	10.12.1954–19.12.1956	2
Ishibashi	20.12.1956–24.2.1957	—
Kishi	25.2.1957–18.7.1960	3
Ikeda	19.7.1960–8.11.1964	6
Satō	9.11.1964–6.7.1972	8
Tanaka	7.7.1972–8.12.1974	3
Miki	9.12.1974–23.12.1976	1
Fukuda	24.12.1976–6.12.1978	1
Ōhira	7.12.1978–16.7.1980	1
Suzuki	17.7.1980–26.11.1982	1
Nakasone	27.11.1982–5.11.1987	4
Takeshita	6.11.1987–2.6.1989	1
Uno	3.6.1989–9.8.1989	—
Kaifu	10.8.1989–4.11.1991	1
Miyazawa	5.11.1991	1

[1] Vgl. Hitoshi *Abe*/Muneyuki Shinto/Sadafumi *Kawato*, Gendai Nihon no seiji (Die Politik des gegenwärtigen Japan), Tokyo 1990, S. 32.

4. Das Parlament

Das japanische Parlament besteht aus zwei Kammern: dem Unterhaus (Repräsentantenhaus, Abgeordnetenhaus) und dem Oberhaus (Haus der Staatsräte, Senat). Zusammen stellen die beiden Häuser nach Art. 41 JV ›das höchste Organ der Staatsgewalt‹ und ›das einzige Gesetzgebungsorgan‹ dar. Die Abgeordneten des Unterhauses werden alle vier Jahre neu gewählt, die Mitglieder des Oberhauses alle sechs Jahre. Alle drei Jahre kommt es dabei zur Neuwahl der Hälfte der Oberhausabgeordneten. Neben dem Recht, Gesetze zu verabschieden, ist das Parlament befugt, über das Budget zu beschließen, Verträge zu ratifizieren, die Einberufung des Parlaments zu verlangen sowie die Dauer und eine eventuelle Verlängerung der Sessionen zu bestimmen. Wesentliche Funktion vor allen anderen ist die Wahl des Premierministers.

In den Jahren 1982 und 1986 wurden in das Wahlgesetz Ergänzungen eingefügt, nach denen das Oberhaus im Reichswahlkreis nach den Grundsätzen des Verhältniswahlrechts mit Parteilisten und in den Präfekturwahlkreisen nach den herkömmlichen Verfahren der unübertragbaren Einzelstimmgebung zu wählen ist.[16] Präfekturgouverneure und Bürgermeister werden direkt gewählt. Für die Unterhaus- und Oberhauswahlen ist der Zuschnitt der Wahlkreise unter diesen Bedingungen besonders wichtig. Nach den Vorschriften des Wahlgesetzes sind 37 Präfekturen in Wahlkreise aufgeteilt, und zehn Präfekturen bilden jeweils einen eigenen Wahlkreis. Daraus ergeben sich für die Unterhauswahl 130 Wahlkreise: ein Einerwahlkreis, vier 2er-Wahlkreise, 42 3er-Wahlkreise, 39 4er-Wahlkreise, 43 5er-Wahlkreise und ein Wahlkreis mit sechs Mandaten. Von den 252 Oberhausabgeordneten werden 100 im Reichswahlkreis und 152 in den Präfekturwahlkreisen gewählt. Diese wiederum setzen sich aus 26 Einer-, 15 Zweier-, vier Dreier- und zwei Viererwahlkreisen zusammen.

Zur Zeit besteht das Unterhaus aus 512 Abgeordneten, die in 130 Wahlkreisen mit in der Regel drei bis fünf Mandaten gewählt werden. Lediglich ein Wahlkreis hat aufgrund eines Neuzuschnitts im Jahre 1986 sechs Mandate, in vier Wahlkreisen werden jeweils zwei Mandate vergeben, und die *Amami*-Inseln bilden seit 1953 den einzigen Einerwahlkreis.[17] In der Oberhauswahl hat dagegen jeder Wähler zwei Stimmen: die erste für den Wahlkreiskandidaten und die zweite für die Liste der Parteien im Reichswahlkreis. Dieses dem Verhältniswahlrecht entsprechende Listenprinzip ist mit der Revision des Public Offices Election Law im Jahr 1982 eingeführt und in der Oberhauswahl 1983 zum ersten Mal angewendet worden. Bis zu diesem Zeitpunkt hatten die Wähler im Präfekturwahlkreis wie im Reichswahlkreis ihre Stimmen jeweils nur für einzelne Kandidaten – und nicht für Listen – abgegeben.

Das japanische Wahlsystem der ›unübertragbaren Einzelstimmgebung in Mehrerwahlkreisen‹ zerklüftet die Parteienstruktur und zersplittert das Parteiensystem. Im Reichswahlkreis der Oberhauswahlen haben nach den Gesetzen des Verhältniswahlrechts auch Splitterparteien eine Chance; andererseits stellen die Mehrerwahlkreise Mindestanforderungen an die Bewerber, die Kandidaten kleiner Parteien nur erfüllen können, wenn sie über eine starke lokale Basis verfügen. In den großen Parteien (LDP, SDPJ) verstärken die Mehrerwahlkreise zudem die Auseinandersetzungen zwischen den Faktionen. Denn die Kandidaten sind in erster Linie Mitglieder von Faktionen und erst in zweiter Linie Exponenten ihrer Partei.

Jeder Abgeordnete der größeren Parteien gehört einer Faktion und einem Ausschuß des Parlaments an. Nach den Grundsätzen der Seniorität werden die jungen Abgeordneten von ihrer Partei in jene Ausschüsse entsandt, in denen sie sich eine gute Plattform für ihre Wahlkreisarbeit schaffen können (z. B. im Agrarausschuß), während die älteren Abgeordneten einen Sitz im angesehenen Auswärtigen Ausschuß anstreben. Häufig wird den Ausschüssen nur ein geringer Einfluß auf die Gesetzgebung zugeschrieben, aber hier strebt die Regierung vielfach eine breitere Basis für ihre Gesetzesvorhaben an und bezieht die Opposition ein, indem die liberaldemokratische Mehrheit einzelne Vorschläge der Oppositionsparteien berücksichtigt.

Die Berufsstruktur der Abgeordneten weist ein ähnliches Muster auf wie in den europäischen Demokratien: Der Trend zum ›Funktionärsparlament‹ hat auch Japan erfaßt. So waren bei den Unterhauswahlen 1990 30,7 % aller Bewerber Verbandsfunktionäre, 30,1 % Parteifunktionäre, 13,9 % Firmeninhaber und Manager, 5,6 % Rechtsanwälte, 2,9 % Land- und Forstwirte und 1,7 % Ärzte.[18] Neun Zehntel der Kandidaten waren älter als 40 Jahre. Jeder vierte Abgeordnete des neugewählten Unterhauses war zum ersten Mal Mitglied des Parlaments. Gegenüber den vorausgegangenen Unterhauswahlen hat sich die Fluktuationsrate somit erhöht (bei den letzten vier Wahlen hat sich diese Rate zwischen 6,8 % und 16,4 % bewegt). 53,7 % aller Kandidaten waren erfolgreich: Am höchsten war diese Rate bei LDP (71,7 %), *Shakaitō* (86,2 %) und *Kōmeitō* (68,8 %), am niedrigsten bei der Kommunistischen Partei (4,2 %). Nahezu drei Viertel der Mitglieder des neuen Unterhauses waren Verbands- und Parteifunktionäre sowie Unternehmer.

Die Büros der Abgeordneten bestehen aus bis zu 20 Mitarbeitern, deren vorrangige Aufgabe es ist, die Verbindungen zwischen den Wählern des Wahlkreises und dem Abgeordneten aufrechtzuerhalten.[19] Dies geschieht durch regelmäßige Besuchsrunden (*Goyō kiki*, etwa: ›das Anhören der ehrenwerten Anliegen‹), die tatkräftige Unterstützung der Wähler in aktuellen Notlagen (Verkehrsunfälle, Überschwemmungen etc.) und die Förderung einzelner Anliegen gegenüber Dritten. So erfüllte Wünsche werden später durch Wahlunterstützung abgegolten. Gelegentlich sind Abgeordnetenbüros auch Agenturen der Heiratsvermittlung für ehrgeizige, junge Ministerialbeamte: Auf diesem Wege erhält der Wahlkreis einen wichtigen, informellen Zugang zu einem Ressort. Die gesellschaftlichen Veranstaltungen, für welche die Abgeordnetenbüros sorgen, sind vielfältig: Neujahrsfeiern (*shinnenkai*), ›Blütenschau‹ (*hanami*), Schreinfeste (*matsuri*), Veranstaltungen zum buddhistischen Totenfest (*obon taikai*) und ›Jahresvergessensfeiern‹ (*bōnenkai*).

5. Die lokale Selbstverwaltung

Nach dem Scheitern des politischen Zentralismus hat das Prinzip der kommunalen Selbstverwaltung, in Japan ohnehin seit der Orientierung der *Meiji*-Reformen an der preußischen Verwaltung stark verwurzelt, in der Nachkriegszeit erneut an Popularität gewonnen. Aber trotz der Garantie kommunaler Selbstverwaltung durch Art. 92 der Verfassung verfügt die Regierung nach den Bestimmungen des Local Autonomy Law über ein weites Arsenal von Interventionsmöglichkeiten: die Anforderung von Berichten und Stellungnahmen, Eingriffe in das Management öffentlicher Unternehmen, Genehmigungsvorbehalte bei der Auflage kommunaler Anleihen oder der Erhebung kommunaler Steuern, Untersuchungen und Korrekturen des Finanzgebarens kommunaler Körperschaften.[20] Durch Sonderzuweisungen, Verwaltungszuschüsse und andere Haushaltszuwendungen führt die Zentralregierung die Gebietskörperschaften am ›goldenen Zügel‹.

Trotz dieser Abhängigkeit haben sich Präfekturen und Gemeinden als politische Organe mit einem gewissen Maß an Eigenständigkeit behauptet.[21] Das gilt auch gegenüber der Zentralregierung in Tokyo, wenn auch mit Ausnahme des Ministeriums für Selbstverwaltung (Ministry of Home Affairs/*Jichishō*), von dessen Zuwendungen Präfekturen und Gemeinden abhängig sind. Trotz des ›goldenen Zügels‹ ist die lokale und regionale Autonomie in Japan größer, als vielfach angenommen wird. Sie ist zwar geringer als in den USA und Kanada, aber erheblich größer als in Frankreich und kommt der Stellung der Regionen und Gemeinden in Großbritannien und Deutschland durchaus nahe. Im Wohnungsbau, in der Umweltpolitik und in der Schulpolitik haben sich die Gemeinden als handlungsfähige Institutionen mit einem unübersehbaren Maß an Eigenständigkeit erwiesen. Andererseits sind schwerwiegende Funktionsschwächen der kommunalen Demokratie nicht zu leugnen: die fehlende Machtbalance zwischen Mehrheit und Opposition, das geringe Gewicht substantieller politischer Fragen in der politischen Auseinandersetzung, Patronagewesen und Korruption. In diesen Mängeln spiegeln sich aber zugleich auch die Probleme der zentralen Entscheidungsebene wider.

III. Kapitel: Die gesellschaftlichen Grundlagen der Demokratie

1. Soziale Normen

Deutlicher als in anderen hochindustrialisierten Ländern stehen den politischen Institutionen der japanischen Demokratie soziale Normen eigener Prägung gegenüber. Das anders begründete Staatsverständnis der Bürger weist traditionell eine höhere Bereitschaft zur Unterwerfung unter eine autoritäre Führung und eine größere Akzeptanz hierarchischer Statusunterschiede auf.[22] Vor allem in ländlichen Präfekturen findet sich noch eine tiefverwurzelte Loyalität des einzelnen, der seine Interessen hinter das Anliegen der Gemeinschaft zurückstellt, um die geschlossene Einheit nicht zu stören.[23]

Den traditionellen Verhaltensweisen, die durch das starre Klassensystem der *Meiji*-Ära geprägt worden sind, stehen soziale Normen entgegen, die der demokratischen Verfassung eher entsprechen. Auch wenn die politischen Reformen nach dem Zweiten Weltkrieg zunächst nicht von ähnlich tiefgreifenden Änderungen der gesellschaftlichen Struktur begleitet wurden, so haben sich in der Folgezeit doch egalitäre Verhaltensmuster immer mehr durchgesetzt. *Chitoshi Yanaga* hat daher behauptet, das politische Verhalten der Japaner gleiche dem einer ›gespaltenen Persönlichkeit‹, die sich unterschiedlichen kulturellen Einflüssen ausgesetzt sehe.[24] Diese gegensätzlichen Einflüsse, bedingt durch das traditionelle Gesellschaftssystem, die Industrialisierung, das Erziehungssystem und die Massenmedien, spiegelt sich in einer Vielfalt von Sozialnormen wider: Assimilationsfähigkeit, Autoritätsdenken als Grundlage der japanischen Familienstruktur, Pragmatismus, Aktivismus, insulare Psychologie, strenges Solidaritätsdenken in Familie und Sippe, Loyalität gegenüber den ›Bossen‹ (Familienoberhäuptern, Arbeitgebern etc.), Orientierung des gesellschaftlichen Verhaltens am sozialen Status sowie mangelnde ›Präzision‹ im sozialen Verhalten, Bemühen um Konsens, Bevorzugung von Verhandlungen, Emotionalität, Sinn für Verpflichtungen gegenüber Familie, Sippe und Beruf und nicht zuletzt ein sehr strenger, fast rigoroser Ehrbegriff (*giri*).

Der enge Zusammenhalt der Sippen und Familien hat seit jeher die Gruppenverantwortlichkeit gestärkt. Das Bestreben der Japaner, soziale Konflikte zu vermeiden, ist auf eine strenge Selbstdisziplin und auf eine stark ausgeprägte Gruppenverantwortlichkeit zurückzuführen. Ein hoher Grad sozialer Kohäsion und Solidarität kennzeichnet daher traditionell das soziale Verhalten. Als ein Beispiel für die vielfältigen Sozialzwänge der japanischen Gesellschaft galt lange Zeit der Familienrat, der eine wirksame Kontrolle des Familienoberhauptes über das soziale und politische Verhalten der Sippenangehörigen garantierte. Die Bedeutung dieser Institution ist jedoch deutlich zurückgegangen. Der hohen Bedeutung von Loyalitäts- und Gruppennormen entspricht die Tatsache, daß die Austragung von Konflikten vor Gericht gemieden und möglichst eine informelle Schlichtung angestrebt wird. Die Neigung zur gerichtlichen Beilegung von Streitigkeiten hat daher nicht – wie in anderen Industriestaaten – zugenommen.

Trotz einer veränderten Sozialstruktur haben sich jedoch tradierte Werte auch in den Städten behauptet. So findet sich die ursprünglich kleinste Gruppe der japanischen Gesellschaft – die Hausgemeinschaft – in Nachbarschaftsvereinigungen und Betrieben wieder. Die soziale Bindung des Arbeitnehmers an den Arbeitgeber in den großstädtischen Unternehmen ist enger als in europäischen und amerikanischen Betrieben. Das traditionelle System des *Gimu* (Pflicht) bindet Arbeitgeber und -nehmer aneinander und begründet ein beide Seiten verpflichtendes Vertrauensverhältnis. Das Unternehmen unterstützt seine Kernarbeitskräfte auch in Krisensituationen, versichert sie gegen alle denkbaren Risiken und schafft materielle Vorteile (Firmenwohnungen, Zulagen, Ferienhäuser, Firmenkredite etc.). Der Begriff der Betriebsfamilie hat sich durchgesetzt, so daß den japanischen Unternehmen der Charakter eines ›vertraulicheren‹ Systems zugeschrieben wird. Bekräftigt wird dies durch das Prinzip der lebenslangen Beschäftigung für die Stammbelegschaften: Bei Eintritt in ein Unternehmen können diese Arbeitnehmer – etwa ein Drittel aller Beschäftigten – davon ausgehen, ihren Betrieb erst am Ende der beruflichen Laufbahn zu verlassen. Innerhalb des Unternehmens wird zugleich eine hohe berufliche Mobilitätsbereitschaft erwartet; das Durchlaufen verschiedener Abteilungen ist keine Seltenheit. Firmenwechsel ist folglich meist mit sozialem Abstieg verbunden.

Der enge soziale Zusammenhalt in Industrieunternehmen entspricht der Geschlossenheit und Zusammengehörigkeit der Dorfgemeinschaften, die zu 177 landwirtschaftlichen Organisationen zusammengefaßt sind. Aber auch hier ist infolge der Massenkommunikationsmittel, des gestiegenen Lebensstandards und der auf der Arbeitsteilung beruhenden Marktwirtschaft die rigide Loyalität der Haushalte und Sippen gegenüber der Dorfgemeinschaft einer neuen Art von Gruppenloyalität gewichen; denn die ›Dorfältesten‹ (*kuchō*), ›Kontaktleute‹ (*renrakuin*), ›Informationsleute‹ (*kōbōin*) und ›Repräsentanten‹ (*chūzai-in*), die innerhalb der Dorfgemeinschaft über unumstrittene Autorität verfügen, informieren die politischen Instanzen über die Wünsche der Dorfbewohner und stellen in diesem Rahmen den Kontakt zwischen Machtträgern und Machtadressaten her.

Fast alle Haushaltungen des Dorfes werden erfaßt, beispielsweise die landwirtschaftlichen Haushalte in der ›Landwirtschaftlichen Vereinigung‹, die Jugendlichen in der Jugendgruppe, alle verheirateten Frauen in der Frauenvereinigung des Dorfes. Vier oder fünf Haushaltungen bilden einen *Buraku*, die kleinste organisatorische Einheit des Dorfes, deren politische Bedeutung darin liegt, daß der Vorsitzende die politische Betätigung der Mitglieder beeinflussen und kontrollieren kann.

Sobald sich in der Dorfgemeinschaft ein Konsensus gebildet hat, stellt die Minderheit in der Regel der ›Harmonie‹ wegen ihre abweichende Meinung zurück und akzeptiert die Auffassung der Mehrheit. Diese Identifizierung ist nicht nur für die soziale Struktur des Dorfes von Bedeutung, sondern kann sich auch politisch auswirken, vor allem im Wahlkampf und im Verhalten der Wähler.

Die soziale Basis der japanischen Politik wird insgesamt durch den Gegensatz zwischen traditionellen Verhaltensmustern und den Entwicklungsgesetzen einer modernen Industriegesellschaft geprägt. Gruppennormen (Loyalität) sind in Sippen, Familien und kleineren Betrieben noch sehr stark, während Industrialisierung und Urbanisierung die gesellschaftlichen und politischen Funktionen der Primärgruppen eingeengt und eine größere Komplexität der Gesellschaft verursacht haben.

Der höheren Komplexität steht eine eingeschränkte soziale Mobilität gegenüber. Glaubte die japanische Gesellschaft zunächst an eine unbegrenzte soziale Mobilität, über die jeder in jede Schicht überwechseln kann, so läßt sich jedoch nach neueren soziologischen Studien nicht mehr übersehen, daß einige Barrieren eine vollkommene Durchlässigkeit verhindern. So stammen die meisten Studenten der Eliteuniversität Tokyo aus begütertem Haus, werden 60% der Arbeitersöhne wieder Arbeiter und sind Kinder von hohen Beamten und Managern in der Wirtschaftselite stark überrepräsentiert.[25]

2. Die soziale Struktur

Gewerkschaften

Nach dem Zweiten Weltkrieg wurden soziale Neuerungen durchgeführt, die die soziale Basis der japanischen Politik dem demokratischen Bezugsrahmen der Verfassung anpassen sollten. So aktivierte das Supreme Command for the Allied Power (SCAP) die Arbeiter- und Gewerkschaftsbewegung, die zwar in Japan durchaus auf eine längere Tradition zurückblicken konnte, aber stets politisch durchsetzungsschwach gewesen war. Die japanischen Arbeitnehmerorganisationen unterscheiden sich von den europäischen und amerikanischen Gewerkschaften vor allem dadurch, daß sie ihre Forderungen weniger durch Arbeitskämpfe als durch sozialpartnerschaftlich ausgehandelte Kompromisse durchzusetzen suchen. Sie sind Betriebsgewerkschaften, in denen nur die Stammarbeiter des jeweiligen Betriebs zusammengeschlossen sind und in denen daher nur die Interessen der auf Dauer beschäftigten, nicht aber der Mehrheit der teilzeitbeschäftigten Firmenangestellten vertreten werden. Die Betriebsgewerkschaften sind weitgehend autonom, haben eigene Satzungen, werden durch eigene Funktionäre vertreten und verfügen über eigene Finanzen. Somit besteht weitgehende Eigenständigkeit hinsichtlich der Leistung der Betriebsgewerkschaft, ihrer politischen Ausrichtung und ihrer Aktivitäten bei Tarifverhandlungen und Streiks. Die Problematik dieser Organisationsform liegt in der engen Bindung an das jeweilige Unternehmen, die eine hohe Kompromißbereitschaft nach sich zieht. Die einzelnen Betriebsgewerkschaften sind in Branchengewerkschaften, diese wiederum in nationalen Dachverbänden zusammengeschlossen.

Die Gewerkschaftsbewegung bleibt politisch schwach: Der durchschnittliche Organisationsgrad der Arbeitnehmerschaft beträgt nur 27%; es gibt keine starken Industriegewerkschaften, und die nationalen Föderationen sind ebenfalls durchsetzungsschwach. An die Stelle der Gewerkschaftsverbände *Domei*, *Churitsuroren* und *Shinsanbetsu* setzte sich im November 1987 *Rengō* (Bündnis der Gewerkschaften des privaten Sektors). Der frühere Gewerkschaftsverband *Sōhyō* blieb zunächst bestehen, um dann 1989 in dem neuen Bündnis *Shin Rengō* (Konföderation japanischer Gewerkschaften) aufzugehen. Demgegenüber vertreten zwei kleinere Bündnisse – *Zenroren* und *Zenrokyo* – alte Klassenkampfgrundsätze sowie die Interessen der Eisenbahner. Politisch einflußreich ist daneben die mitgliederstarke, linksorientierte Lehrergewerkschaft (*Nikkyōso*). In neuerer Zeit wenden sich die großen Gewerkschaftsorganisationen verstärkt Verbraucherfragen und Fragen des Wohnumfeldes, des Umweltschutzes und der Verkehrspolitik zu und unterstützen damit die Kritik von Oppositionsparteien, Medien und Bürgerinitiativen an der Politik der Regierung.

Bodenreform

Die 1946 durchgeführte Bodenreform sollte den sozialen Spannungen in den ländlichen Regionen entgegenwirken. Die Bauern, die nach der *Meiji*-Reform Land meist nur pachten konnten und 60% ihrer Ernte abgeben mußten, konnten nun ihre wirtschaftliche Selbstständigkeit anstreben. Die Größe des Privatbesitzes wurde staatlich festgelegt (3 cho = ca. 2,4 ha), der restliche Grund und Boden wurde an die Regierung verkauft, und diese wiederum veräußerte ihn an die bisherigen Pächter. So fand auf dem Land eine soziale Verschiebung statt: 1965 befanden sich 80% des früheren Pachtlandes in Eigenbesitz (zum Vergleich: 1945 waren es 31%). Die Bodenreform hat somit eines ihrer Ziele – die breite Streuung der rund 60 Millionen Klein- und Kleinstparzellen – zwar erreicht, doch hat sie die bestehende Betriebsgrößenstruktur nicht wesentlich verbessern können, da größere Ländereien nicht aufgeteilt wurden. Zudem ist eine Rekonzentration der landwirtschaftlichen Anbauflächen aufgrund der höheren Rentabilität unverkennbar. Zusammen mit der Stützung der Agrarpreise durch die Regierung und den großen öffentlichen Investitionen im landwirtschaftlichen Sektor (Mechanisierung, Kunstdünger, Insektenvertilgungsmittel etc.), die vielfach als ›Wahlbelohnung‹ für das konservative Verhalten der landwirtschaftlichen Wähler angesehen wurden, hat die Bodenreform jedoch insgesamt dazu beigetragen, die sozialen Konflikte im landwirtschaftlichen Sektor zu entschärfen.

Schul- und Bildungssystem

Das Schul- und Bildungssystem ist durch amerikanische Bildungsplaner grundlegend neugestaltet worden. 1947 revidierte der ›Rat für Erziehungsreform‹ Lehrpläne, säuberte Lehrkörper und dezentralisierte die Schulaufsicht. Die Schulpflicht wurde auf neun Jahre ausgedehnt (sechs Jahre Grundschule, drei Jahre Mittelschule). Nach einem dreijährigen Besuch der Oberschule kann dann durch ein Aufnahmeexamen die Berechtigung zum Besuch einer Universität erworben werden. 95% der Angehörigen eines Jahrgangs durchlaufen die Oberschule; damit liegt Japan mit einer im Regelfall 12jährigen Schulzeit an der Weltspitze. Von der höheren Schule gehen 37,7% zur Universität, auch dies ist ein internationaler Spitzenwert.

Japan verfügt über 465 Universitäten, darunter 334 private, von sehr unterschiedlichem Niveau.[26] Das Bildungswesen ist stark hierarchisiert, der Zugang zu den höheren Positionen in Wirtschaft, Verwaltung und Politik ist in hohem Maße abhängig vom Renommée der jeweiligen Hochschule. Dieser Zusammenhang wird auch daran erkennbar, daß etwa 35% der Ministerialbeamten und Inhaber politischer Führungspositionen Absolventen der Eliteuniversität Tokyo (*Tōdai*) sind.[27] Durch die Reformen im Bildungssektor ist das Analphabetentum mit weniger als 0,01% geringer als in allen anderen Industriestaaten (bereits vor dem Zweiten Weltkrieg waren nur 0,41% aller Japaner Analphabeten).

Medien

Auch die zunehmende Ausbreitung der Massenmedien hat den Informationsgrad der Bevölkerung beträchtlich erhöht. Presse,

Rundfunk und Fernsehen machen von der verfassungsrechtlich garantierten Informations- und Meinungsfreiheit umfassenden Gebrauch. Das Fernsehen hat weite Verbreitung erfahren: 98% aller Haushalte besitzen ein oder mehrere Geräte.[28] Die halbstaatliche *Nippon Hōsō Kyōkai* (NHK) strahlt mit zwei Programmen in alle Winkel Japans. Zudem gibt es noch weitere fünf große und 118 kleine kommerzielle Sender. Der Gebrauch des Radios beschränkt sich fast ausschließlich auf das Musikangebot.

Eine wichtige Rolle spielen die Printmedien. Japan hat mit mehr als einer Tageszeitung pro Haushalt die höchste Leserdichte der Welt. 92% aller Zeitungen werden über Abonnements vertrieben, eine Tatsache, die für Konstanz und Lesertreue spricht. Die drei größten Tageszeitungen Japans – *Asahi Shimbun, Yomiuri Shimbun* und *Mainichi Shimbun* – können allein aufgrund ihrer Morgenausgaben eine Auflagenhöhe von 21.643.000 verzeichnen. Insgesamt zirkulieren täglich 124 Zeitungen mit einer Gesamtauflage von 72,5 Millionen Exemplaren.

Die Redaktionen der Zeitungen verweisen auf ihre Neutralität und Unabhängigkeit. Das Gros der Presse ist der Regierung gegenüber kritisch eingestellt, versteht sich aber nicht als vierte Gewalt im Staat, sondern als ›Spiegelbild der Gesellschaft‹. Die Tageszeitungen ähneln sich inhaltlich stark: Es findet sich zwar eine Fülle von Informationen, jedoch wenig analysierende oder übergreifende kritische Berichterstattung. Lediglich einige Wochenzeitschriften heben sich aus der Masse der japanischen Zeitungslandschaft heraus. Die *Bungei Shunjū* etwa gibt tiefere Einblicke in Arbeitsweise, Funktion und Unzulänglichkeiten von Politik, Bürokratie und Wirtschaft. Zudem werden die Schattenseiten des gesellschaftlichen Lebens dargestellt. Kritiker behaupten, die Schwäche der japanischen Medien liege in ihrer Zersplitterung. Die meisten Zeitungen und Mediennetze sind Großunternehmen mit einer hochbürokratisierten Organisation. Der Turnus, in dem jährlich Redaktionen ausgewechselt werden, verhindert zwar journalistische Routine, führt aber zugleich zu einer gewissen Oberflächlichkeit der Berichterstattung und Kommentierung.

Der Einfluß der Massenmedien und die Struktur des Bildungswesens zeigen, daß die sozialen Reformprogramme nach dem Zweiten Weltkrieg insgesamt erfolgreich gewesen sind und die Chancen einer funktionsfähigen Demokratie erheblich gesteigert haben. Es besteht ein leistungsfähiges Kommunikationssystem mit einer sehr hohen Kommunikationsdichte. Obwohl ein hohes Bildungsniveau keine ausreichende Voraussetzung für eine funktionsfähige Demokratie ist, hat der Bildungsstand der japanischen Bevölkerung, der höher ist als das Bildungsniveau jeden anderen Landes in Asien und Europa, eine intensive Kommunikation am politischen Prozeß gefördert.

3. Die wirtschaftliche Entwicklung

Seit dem Ende des Zweiten Weltkrieges hat Japan das höchste wirtschaftliche Wachstum aller Industrienationen zu verzeichnen. Die ersten Nachkriegsjahre waren durch inflationäre Tendenzen gekennzeichnet, und die Industrieproduktion blieb hinter dem Vorkriegsstand zurück. Von März 1949 bis Juni 1950 wurde die Inflation auf der Grundlage des Stabilisierungsprogramms des amerikanischen Finanzexperten Dodge behoben. Bei Ausbruch des Koreakrieges im Juni 1950 wurde Japan Nachschubbasis der US-Streitkräfte; das Anwachsen ausländischer Devisen und neue Anlagen- und Ausrüstungsinvestitionen lösten eine erste Hochkonjunktur aus. Die Industrieproduktion stieg über das Vorkriegsniveau, und der Außenhandelsüberschuß führte zu steigenden Löhnen und Preisen. Bis 1955 gelang es der Regierung, die Preisauftriebstendenzen durch Kreditrestriktionen zu stoppen und einen neuen Exportanstieg einzuleiten.

Erst mit der Ölpreiskrise 1973 endete für Japan der rapide Wirtschaftsaufschwung der Nachkriegszeit; bis dahin wuchs das Bruttosozialprodukt mit durchschnittlich 10%. Schneller als andere Länder erholte sich Japan von dieser Krise, mußte jedoch in der zweiten Ölpreiskrise 1978 wiederum beträchtliche Wachstumseinbußen hinnehmen: Danach fand die japanische Wirtschaft erstaunlich schnell zu ihrer früheren Wachstumsstärke zurück. Schon 1981 waren die Preise wieder stabil, und die Wachstumsrate lag bei 3%.[29] Den insgesamt stärksten Einbruch erlitt die japanische Wirtschaft im Jahr 1985, als die

USA, Frankreich, Japan, Deutschland und Großbritannien den Dollar abwerteten und dadurch den Außenwert des Yen steil ansteigen ließen.

Da der Inselstaat in hohem Maße von Importen, vor allem aus den USA, abhängig ist, sah sich Japan 1986/87 in der schwersten Wirtschaftskrise seit dem ersten Ölschock. Mit der Herstellung von Massenwaren in der Unterhaltungselektronik, im Büromaschinen- und Automobilmarkt festigte Japan jedoch seine Position als Wirtschaftsmacht und verdrängte traditionsreiche Branchen in anderen Ländern. Seit Mitte der achtziger Jahre konzentriert sich die Exportoffensive nicht mehr auf herkömmliche Massengebrauchsgüter, sondern auf hochtechnologische Computerhard- und -software sowie exklusive Dienstleistungen. Die Folge sind auch zu Beginn der 90er Jahre zwar niedrigere Wachstumsraten als zuvor (1990: 6%); zugleich wahrt Japan aber seine Stellung als wachstumsstärkstes Industrieland. Im gesamten Zeitraum von 1955 bis 1990 lag die Arbeitslosenquote stets unter 3%.[30]

Japans Wirtschaftsstruktur ist dualistisch: Einer kleinen Zahl von Großunternehmen/Betrieben steht eine Vielzahl von Klein- und Mittelbetrieben gegenüber, von denen viele als Subunternehmer oder Zulieferer mit den Großunternehmen verbunden sind. Die Planung dieses Wirtschaftssystems liegt in staatlicher Hand. Das Ministry of International Trade and Industry (MITI) übt den weitestgehenden Einfluß auf privatwirtschaftliche Entscheidungen aus (administrative guidance/*gyōsei shido*). Ein Ausschuß des MITI, dem führende Unternehmer, Bankiers und Direktoren der Industrie- und Handelskammern angehören, entwickelt langfristige Wirtschaftspläne (fünf bis zehn Jahre). Auf diesem Wege versucht die Regierung, Konsum und Investitionen so zu beeinflussen, daß die ständige Zunahme der Masseneinkommen soziale Konflikte entschärft. Zudem fällt in den Kompetenzbereich des MITI die Aufgabe, einzelne Branchen in eine gesamtwirtschaftlich gewünschte Richtung zu lenken und den japanischen Außenhandel sowie die internationalen Wirtschaftsbeziehungen zu steuern.

Der wirtschaftliche Wettbewerb steht unter staatlichem Schutz. In einer Gesetzesrevision hat das japanische Parlament die Strafbestimmungen des Antimonopolgesetzes im April 1991 verschärft. Gemessen an den dem jeweiligen Strafmaß zugrundeliegenden Handelsumsätzen der betreffenden Unternehmen ist die vom Gesetzgeber verhängte Strafandrohung vervierfacht worden. So eindrucksvoll diese Steigerung auf den ersten Blick auch sein mag, so geringfügig ist der Umfang der Mindeststrafe (500.000 Yen, d. h. ca. DM 7.500). Die Sanktionswirkungen des Gesetzes bleiben somit schwach, und die weltwirtschaftliche Konzentration schreitet weiter voran.

Insgesamt läßt sich Japan als eine fortgeschrittene postindustrielle Gesellschaft beschreiben, die sich von anderen durch folgende Kriterien unterscheidet: ein relativ hohes Pro-Kopf-Einkommen, Konzentration wirtschaftlicher Aktivität auf den tertiären Sektor, indirekte Führungsrolle des Staates in der Wirtschaft, hohe Lernfähigkeit, leistungsfähige kulturelle Institutionen und eine aufstiegsorientierte Mittelschicht. Diese Merkmale unterstreichen die enge Verbindung zwischen wirtschaftlichem Wachstum und gesellschaftlicher Entwicklung.

4. Bevölkerungsentwicklung

Auch das Bevölkerungswachstum der letzten Generationen hat die soziale Struktur Nachkriegsjapans geformt. Während die Bevölkerungszahl über einen Zeitraum von 250 Jahren mit 30 Millionen konstant geblieben war, wuchs sie zwischen 1927 und 1936 auf 70 Millionen. Allein in den ersten zehn Nachkriegsjahren machte der Bevölkerungszuwachs 17,1 Millionen aus; hierzu zählen allerdings auch sechs Millionen Japaner, die nach dem Zweiten Weltkrieg aus dem Ausland zurückkehrten. Im Jahre 1992 betrug die Stärke der Gesamtbevölkerung 122 Millionen: Japan war damit die sechstgrößte Nation der Erde. Die Bevölkerungsdichte machte zum gleichen Zeitpunkt 324 Einwohner pro Quadratkilometer aus. Damit zählt Japan mit Bangladesh, Korea und den Niederlanden zu den am dichtesten besiedelten Ländern der Welt – deutlich vor Frankreich, Großbritannien und Deutschland mit einer Bevölkerungsdichte von jeweils 98, 229 und 248 Einwohnern pro Quadratkilometer.

Seit Ende des Zweiten Weltkriegs lag die Geburtenhäufigkeit bei 30 Geburten je 1000 Einwohnern. 1989 verzeichnete Japan ein Rekordtief der Geburtenrate: 1,25 Millionen Kinder wurden geboren (d. h. 10 je 1000 Einwohner) – der niedrigste Stand seit 1899. Sollte sich diese Geburtenrate stabilisieren, wird der Anteil der über 65jährigen noch in diesem Jahrhundert über dem Anteil der unter 14jährigen liegen; Japan hat somit eine zunehmende Überalterung zu erwarten. Die durchschnittliche Lebenserwartung beträgt 76,1 Jahre für Männer und 82,1 Jahre für Frauen.

Noch 1955 machten landwirtschaftliche Haushalte 40% der Bevölkerung aus – vergleichbar Deutschland in den beiden letzten Jahrzehnten des 19. Jahrhunderts und Frankreich in den Jahren von 1890 bis 1920. Erst in den 70er Jahren ist die Wirtschaftsstruktur Japans mit derjenigen der europäischen Industriestaaten gleichgezogen: Der Anteil der Landwirtschaft an der Gesamtbevölkerung ging auf 10% zurück. In diesem Jahrzehnt überschritt der Anteil der Dienstleistungsbeschäftigten sowohl in Frankreich als auch in Japan und Deutschland die 50-Prozent-Marke. Industrialisierung, Landflucht und geographische Gegebenheiten (80% der Inseloberfläche sind gebirgig, und somit stehen wenig Flächen zur Besiedlung an) erhöhten die Massierung der Bevölkerung in den Ballungsgebieten. Nur noch jeder fünfte Japaner lebt gegenwärtig auf dem Land oder in Kleinstädten. Die Urbanisierungsquote der Wohnbevölkerung lag im Oktober 1990 bei 76,7%.

Neben dem rapiden Bevölkerungswachstum konnten auch die rasch um sich greifende Industrialisierung und die zunehmende Verflechtung der japanischen Wirtschaft mit den Außenhandelsmärkten nach dem Zweiten Weltkrieg die soziale Basis der japanischen Politik nicht unverändert lassen. Das Wirtschaftswachstum mit auch in den letzten Jahren (1987 bis 1991) international überdurchschnittlichen Raten von 4,3–6,2% beschleunigte die Abwanderungsbewegung aus den ländlichen Gebieten in die Stadt, so daß ein jährlicher Wanderungsverlust von ca. 400.000–500.000 Menschen zu verzeichnen ist. War 1960 ein Viertel des japanischen Arbeitskräftepotentials in der Landwirtschaft und Fischerei beschäftigt, so waren 1987 nur noch 8,3% der Erwerbstätigen (ohne die unbezahlten, mitarbeitenden Familienangehörigen) im primären Sektor tätig. Auch bei den Selbständigen fanden deutliche Veränderungen statt: 1964 lag der Anteil dieser Gruppe an der Gesamtheit der Erwerbstätigen bei 21%, 1980 bei 8%. Im Zeitraum von 1970 bis

1984 nahm die Zahl der Vollerwerbsbetriebe um 30% ab, während die Anzahl der Zuerwerbsbetriebe von 2,7 auf 3,2 Millionen anstieg. 1984 waren 73% der landwirtschaftlichen Betriebe Zuerwerbsbetriebe, 15% Nebenerwerbsbetriebe. Der Trend weist auf eine weitere Abnahme der Vollerwerbsbetriebe hin. Der Anteil der Landwirtschaft am Bruttosozialprodukt Japans belief sich im Oktober 1990 auf nur noch 3%.

Nach einer statistischen Erhebung über die Arbeitsbedingungen in den verschiedenen Sektoren hat sich das Arbeitspotential zwischen 1955 und 1988 von 42 auf 69 Millionen Arbeitskräfte ausgeweitet. Die Arbeitslosenquote erreichte 1988 2,8%. Das hohe Wachstum der japanischen Wirtschaft veränderte auch die relative Beschäftigungsintensität der einzelnen Sektoren: Während im Jahre 1955 noch 41% aller Beschäftigten im primären Sektor, also in der Land- und Forstwirtschaft, im Bergbau und in der Fischerei, 24% im sekundären und 35% im tertiären Sektor beschäftigt waren, arbeiteten 1988 8,3% aller Arbeiter und Angestellten im primären, 33,4% im gewerblichen und 58,3% im Dienstleistungssektor. Bis zum Jahre 1991 hat sich der Anteil des primären Sektors weiter auf 6% verringert, während der Anteil des Dienstleistungssektors auf 60% angestiegen ist. Auch die Entwicklung der japanischen Wirtschaftsstruktur scheint somit die Prognose der Nationalökonomen Jean Fourastié und Colin Clark zu bestätigen, nach der wirtschaftliches Wachstum zu einer relativen Erweiterung des tertiären Sektors auf Kosten des primären und sekundären Bereichs führt – eine Entwicklungstendenz, die in allen Industriestaaten beobachtet werden kann.

Bei einer Bevölkerungszahl von 123,6 Millionen Einwohnern machte die Gesamtzahl der Beschäftigten im Jahre 1990 62,49 Millionen, die der Arbeitslosen 1,34 Millionen aus. Die Arbeitslosenquote lag bei 2,1%.[31] Von 1984 bis 1990 weist die Arbeitsmarktstatistik einen erheblichen Anstieg der im Dienstleistungssektor und im technischen Bereich Beschäftigten aus, während die Zahl der in Landwirtschaft und Fischerei Beschäftigten deutlich zurückging. Der Durchschnittslohn der regulären Industriearbeitnehmer beträgt monatlich 370.000 Yen (etwa DM 5.500). Demgegenüber verdienen die zeitlich befristet Beschäftigten in der Industrie monatlich durchschnittlich 271.500 Yen (etwa DM 3.950). Das durchschnittliche Monatseinkommen eines Arbeitnehmerhaushalts war 1990 521.757 Yen (ca. DM 7.600).

Strukturell ist die japanische Gesellschaft der Gegenwart, mehr als jemals zuvor, eine ›Mittelschichtgesellschaft‹. Bei Repräsentativumfragen ordnen sich neun von zehn Japanern aufgrund ihres Lebensstandards der Mittelschicht zu.[32] Mehr als die Hälfte der Befragten (53,1%) betrachtet sich dabei als Mitglieder der mittleren Mittelschicht, 27,7% der unteren Mittelschicht und 8,2% der oberen Mittelschicht. Als Angehörige der Unterschicht sehen sich 7,2% und als Angehörige der Oberschicht nur 0,7% der Befragten. Verfolgt man diese subjektive Schichtzuordnung seit 1960, so zeigt sich, daß der seit Beginn der Erhebungen hohe Anteil der Mittelschichtnennungen innerhalb von drei Jahrzehnten von insgesamt 76,2% auf 89,1% (1990) kontinuierlich angestiegen ist. Entsprechend hat sich der Anteil der Unterschichtnennungen in diesem Zeitraum von 13.6% auf 7,2% nahezu halbiert. Die Angehörigen der mittleren Mittelschicht finden sich vor allem in Land- und Forstwirtschaft, Fischerei und Büroberufen, die der oberen Mittelschicht in Handel, Dienstleistungssektor und Management.

Religion

Die religiöse Schichtung der japanischen Gesellschaft ist vielfältig. Das religiöse Leben wird von drei Religionen geprägt: dem Shintōismus, dem Buddhismus und dem Christentum, das den Konfuzianismus nach 1900 als drittgrößte Religionsgemeinschaft abgelöst hat. Der lange Zeit dominierende Shintōismus mit seinem Ahnenkult und der religiösen Verehrung des *Tennō* hat viel von seiner Vormachtstellung eingebüßt, seit der Kaiser nur noch als ›Symbol der Nation und der Einheit des Staates‹ und nicht mehr als Religionsoberhaupt auftritt und die staatliche Förderung der Shintō-Schreine durch die neue Verfassung verboten worden ist. Infolgedessen ist die Zahl der Gläubigen, die der einflußreichsten shintōistischen Glaubensrichtung *Tenri-kyō* zuzurechnen sind, im Verhältnis zur Zeit vor 1945 beträchtlich gesunken. Eine mindestens ebenso einflußreiche Religionsgemeinschaft stellt der Buddhismus dar, der in zahlreiche Sekten gespalten ist und seinen politischen Einfluß hauptsächlich über die buddhistische *Kōmeitō*-Partei ausübt. Obgleich die großen buddhistischen Sekten *Jodo*, *Zen*, *Shingon*, *Nichiren*, *Tendai* und *Hokke* mehrere Millionen Gläubige umfassen, steht ihnen die japanische Jugend weitgehend indifferent gegenüber.

Dem Shintōismus hängen 90% aller Japaner an, wobei sich die große Mehrheit dieser Anhänger zugleich zum Buddhismus bekennt. Mehr innerweltliche Sozialethik als Religion, ist er vornehmlich eine Philosophie der Naturverehrung und des Ahnenkults, die für die unterschiedlichsten Inhalte offen ist. Mit dem Shintōismus und der Sozialethik des Konfuzianismus verbindet sich der ›japanisierte‹ Buddhismus, in dessen Mittelpunkt die Verehrung des Buddha *Amida* steht. Er ist zugleich kulturelle Grundlage einer leistungsorientierten Wirtschaftsethik, wie sie insbesondere im Zen-Buddhismus zum Ausdruck kommt.

Auf eine weniger lange Tradition als Shintōismus und Buddhismus können die christlichen Kirchen in Japan zurückblicken. Ihre Gläubigenzahl beträgt 1,46 Millionen (1990). Aufgrund seiner moralischen Geltung und seiner umfangreichen kulturellen Aktivität besitzt das Christentum jedoch in Japan einen Einfluß, der über seine zahlenmäßige Bedeutung weit hinausreicht.

5. Tradition und Moderne

Japaner definieren ihre gesellschaftliche Stellung durch ihre familienartige Loyalität gegenüber sozialen Gruppen, während Kontakte außerhalb dieser Gruppen nur eine geringere Rolle spielen. Diese Gruppen sind vertikal gegliedert und durch einen hohen Konformitätsdruck gekennzeichnet. Die Folge ist ein Führungsverhalten in diesen Gruppen, das Konflikte möglichst zu vermeiden sucht.[33] Gestützt wird diese Autoritätsstruktur durch ein ›metakonfuzianisches‹ Sozialverhalten, dessen Merkmale die Respektierung hierarchischer Sozialbeziehungen und die Identifikation mit geschlossenen sozialen Gruppen sind.[34] In den Formen moderner Großorganisationen in Wirtschaft und Politik lebt der geschlossene Haushalt aus einer traditionellen agrarisch geprägten Gesellschaft fort. In den Organisationen der ›modernen‹ Gesellschaft überlagern so familienähnliche Beziehungen funktionale Strukturen.[35] Wie sich der traditionelle bäuerliche Haushalt (*ie*) in eine Gruppe von Häusern desselben

Dorfes (*mura*) einordnete, fügen sich heute die einzelnen Bürger in Vereine, Verwaltungen und Unternehmen und diese wiederum in den Rahmen der von Politik, Märkten und Verwaltungen gesetzten Leitlinien ein.[36] Intern streng hierarchisch aufgebaut, streben diese Organisationen nach mehr Kompetenzen, höheren Mitgliederzahlen und größeren Marktanteilen. Wie Familien gliedern sie sich intern in (Dienst-)Ältere und Jüngere (*oyabun-kobun*). Seniorität und Ansehen bestimmen die Rangpositionen und legen zugleich die Chancen des Aufstiegs fest: Durch diese feingestaffelte Rangordnung werden Organisationen in Politik und Gesellschaft tendenziell von Konflikten entlastet.

Ihr Zusammenhalt wird gefestigt durch ein Geflecht persönlicher Bindungen und Verpflichtungen sowie ein stark ausgeprägtes Loyalitätsbewußtsein der Mitglieder. In der Politik, insbesondere in den politischen Parteien, schlägt sich diese Gruppenstruktur als ›Klientelismus‹ nieder: Patron-Klient-Beziehungen verdrängen politisch-programmatische Aussagen, überlagern die funktionalen Beziehungen zwischen Wählern und Gewählten und verfestigen Gruppenbildungen (Faktionen). Der traditionelle Kommunikationsstil stützt diese Strukturen: Die Würde des anderen wird geschützt; er wahrt ›sein Gesicht‹; Statusbewußtsein und Selbsteinschätzung werden so miteinander verbunden. Diese Gruppenstrukturen und Kommunikationsstile festigen die Leistungsfähigkeit von Organisationen in Politik, Wirtschaft und Gesellschaft. Der Prozeß der gesellschaftlichen Modernisierung zerstört daher nicht traditionelle Strukturen, sondern nimmt deren überkommene Wertmuster und Verhaltensstile in veränderter Form auf. In Zeiten des wirtschaftlichen und sozialen Wandels erweisen sich überkommene Gruppenstrukturen und Kommunikationsstile somit als soziale Stabilisatoren. Individuelle Ansprüche, wirtschaftliche Zwänge und gesellschaftliche Rahmenbedingungen lassen sich in diesem Rahmen besser aufeinander abstimmen.

IV. Kapitel: Die politische Kultur

Wer die japanische Politik verstehen will, darf sich nicht mit der Kenntnis der politischen Institutionen und der wirtschaftlichen Basis begnügen, sondern muß sein Augenmerk auf diejenigen Wertvorstellungen richten, die das politische Verhalten der Bevölkerung wie der politischen Führungsschicht prägen. Der Begriff der ›politischen Kultur‹ bezeichnet die politisch bedeutsamen gesellschaftlichen Wertorientierungen, Einstellungen und Meinungen als ›subjektive‹ Grundlagen des politischen Systems. Er trägt der Tatsache Rechnung, daß jede politische Handlung in ein eigenständiges Muster gesellschaftlicher Wertvorstellungen eingebettet ist. Dieses Muster umfaßt Normen und Zielvorstellungen, nach denen sich der politische Prozeß vollzieht. Fünf Faktoren sind daher im folgenden darzustellen:
– die Orientierungsmaßstäbe der japanischen Demokratie,
– die gesellschaftlichen Grundlagen politischer Beteiligung,
– das gouvernmentale Bewußtsein der politisch Handelnden,
– die politische Bedeutung der Gruppenorientierung,
– die politischen Folgen des Wertewandels.

1. Konkordanzdemokratie

Dem politischen Institutionengefüge der japanischen Demokratie steht ein Normensystem gegenüber, das von den Demokratien in westlichen Ländern grundsätzlich abweicht. Das starre Klassensystem der *Meiji*-Ära und der Vorkriegszeit wirkt trotz aller Umerziehungsversuche in der Nachkriegszeit bis in die Gegenwart fort, während auf der anderen Seite egalitäre Wertmaßstäbe immer mehr Bedeutung erlangen: ›Japanese political culture today is a blend of continuity and change‹.[37]

Zu den Grundsätzen der Potsdamer Erklärung vom Juli 1945, die von den Japanern in der Kapitulationsurkunde eher aus Verpflichtung denn aus eigener Überzeugung anerkannt wurden, gehörten die Volkssouveränität sowie Freiheit und

Rechte des einzelnen. Diese in allen Demokratien bejahten Grundwerte sind in der japanischen Gesellschaft noch nicht lange verankert. Der traditionelle japanische Wortschatz enthielt nicht einmal einen Begriff, der dem westlichen Freiheitsbegriff entsprach.[38] Bis zum Ende des Zweiten Weltkrieges wurden Ideen wie Individualismus, Freiheit und Liberalismus weithin verworfen; mit der neuen Verfassung wurde der Freiheitsgedanke jedoch eine zentrale Wertgrundlage des politischen Systems.

Die Besonderheiten des politischen Systems Japans, die auf der Vielzahl unterschiedlicher sozialer und politischer Normen beruhen, erschweren eine Kennzeichnung der politischen Kultur. Übernimmt man die Einteilung Lehmbruchs, nach der bei politischen Kulturen zwischen dem ›Konkurrenzmodell‹ (nach dem politische Konflikte unter Wettbewerbsbedingungen durch Mehrheitsentscheidungen geregelt werden), dem ›Konkordanzmodell‹ (bei dem Konflikte durch Konsens beigelegt werden) und dem ›hierarchisch-bürokratischen Modell‹ (das eine autoritäre Konfliktregelung vorsieht)[39] zu unterscheiden sind, kann man die politische Kultur Japans als Mischform bezeichnen, wenngleich die zweite und dritte Komponente stärkeres Gewicht haben. Die hierarchisch-bürokratische Komponente bringt den hohen sozialen und politischen Stellenwert der Ministerialbürokratie zum Ausdruck, die sich bei häufig wechselnden Kabinetten als Garant politischer Stabilität und administrativer Kompetenz erwiesen hat. Politische Steuerung und fachliche Vorgaben durch die politische Spitze greifen gegenüber der Ministerialbürokratie zu kurz. Von einer ›Konkordanzdemokratie‹ kann aber insoweit gesprochen werden, als politische Entscheidungen (anders als in Europa), vor allem in der Wirtschafts- und Technologiepolitik, nicht in erster Linie durch Programmvorgaben und politischen Druck einzelner Interessenorganisationen zustande kommen, sondern mehr auf der Übereinstimmung von Gruppen und ihren Koalitionen beruhen. Eine umfassende Koordination von privatem und öffentlichem Sektor und ein hoher Anteil regulativer Politik ermöglichen eine hohe politische Integration der gesellschaftlichen Gruppen. Auch wenn sich in Politik und Gesellschaft, wie etwa im Verbändebereich, inzwischen stärkere plurale und kompetitive Strukturen herausgebildet haben, bestehen doch konkordanzdemokratische Strukturen fort. Kurz: Der institutionelle Rahmen der politischen Kultur ist eine hierarchisch-bürokratische Konkordanzdemokratie.

Diese Einordnung der politischen Kultur wird allerdings dadurch eingeschränkt, daß personenorientierte, klientelistische Orientierungsmuster die politische Willensbildung prägen und kollektive Formen politischer Beteiligung von Verbänden ein geringeres Gewicht besitzen als in westlichen Konkordanzdemokratien. Anders formuliert: Persönliche Gefolgschaftsverhältnisse sind politisch noch gewichtiger als der Druck von Interessengruppen. Es handelt sich somit in Japan um einen durch Klientelismus wie starken bürokratischen Einfluß geprägten Korporatismus mit einer deutlichen Abweichung von den korporatistischen Demokratien des Westens: einen ›Korporatismus ohne Gewerkschaften‹.[40]

2. Gesellschaftlicher Wandel und Individualisierung

Nach dem Zweiten Weltkrieg wurde der politische Informationsgrad der Bevölkerung durch die zunehmende Ausbreitung der Massenmedien erheblich erhöht, die ihre Informations- und Kritikfunktion wirksam wahrnehmen. Dem Übergewicht der konservativen Parlamentsmehrheiten wirkt eine nachdrückliche Sach- und Stilkritik der Massenmedien am Verhalten der Politiker entgegen. Auch die Nachkriegsreformen des Bildungswesens haben günstige Voraussetzungen für die Teilnahme der Wähler am politischen Prozeß geschaffen. Im Vergleich zur Vorkriegszeit leistet das politische Kommunikationssystem einen größeren Beitrag zur demokratischen Erziehung und ist durch eine größere Kommunikationsdichte gekennzeichnet.

Gegensätze zwischen traditionellen Verhaltensmustern und den Entwicklungsgesetzen einer modernen Industriegesellschaft bestimmen die soziale Basis der japanischen Politik. Mögen die traditionellen Verhaltensmaßstäbe, insbesondere Gruppennormen, auch noch so stark sein, Industrialisierung und Urbanisierung engen die Bedeutung der Gruppenbindungen zunehmend ein. Hierzu trägt auch die wachsende soziale Mobilität bei: Gesellschaftliche und politische Führungspositionen werden zunehmend nach individueller Leistung und immer weniger nach Herkunft und Vermögen besetzt. Dies hat zur Folge, daß sich die Bürger im Unterschied zur Vorkriegszeit zunehmend als Mitglieder unterschiedlicher sozialer Gruppen betrachten und sich gleichzeitig mehreren sozialen Kreisen zurechnen. Dadurch werden soziale Gegensätze entschärft.

In der modernen Gesellschaft sind Sinnhorizonte ohnehin mehr an Institutionen und nicht in erster Linie an Identitäten gebunden.[41] In einem Netz sich überschneidender ›sozialer Kreise‹ (Simmel)[42] verlieren sie ihre kulturelle Prägekraft. Zu Recht spricht *Masao Maruyama* in seiner evolutionstheoretischen Deutung der japanischen Gesellschaft von einer alle modernen Gesellschaften kennzeichnenden Tendenz der ›Individuierung‹, die sich in ›Demokratisierung‹, ›Individualisierung‹, ›Privatisierung‹ und ›Atomisierung‹ niederschlage.[43] Aus seiner Sicht kann die Kategorie ›freiwillige Assoziation‹ dabei die politische Form der Demokratisierung und die unpolitische Form der Individualisierung annehmen, während sich Vereinzelung als zunehmende Distanz zur politischen Herrschaft in der unpolitischen Form der Privatisierung und der politischen Form der Atomisierung niederschlagen kann. Einerseits läßt sich auch aus diesem Blickwinkel die ›Individualisierung‹ der japanischen Gesellschaft bis zum Beginn der Moderne zurückverfolgen, andererseits handelt es sich hierbei um eine strukturelle Voraussetzung freier politischer Beteiligung überhaupt.

Im Bewußtsein der Bevölkerung stößt die Individuierung jedoch an offenkundige Grenzen. Bei einer im Dezember 1991 durchgeführten Repräsentativumfrage bejahten immerhin 51,3% der Befragten die Auffassung ›Man muß sein Augenmerk mehr den staatlichen und gesellschaftlichen Angelegenheiten zuwenden‹, während 29,7% der Aussage zustimmten: ›Man muß die Vervollkommnung des individuellen Lebens für wichtiger halten.‹[44] Bemerkenswert ist, daß sich der Anteil der Befürworter der ersten These seit 1986 deutlich erhöht hat, während der Anteil der ›Individualisten‹ und der Unentschiedenen erheblich abgenommen hat. In den Kategorien *Maruyamas*: In dieser Distanz kommen Elemente der Atomisierung der japanischen Gesellschaft zum Ausdruck, die die politische Form der Demokratisierung teilweise aufhebt.

3. Gouvernementales Bewußtsein

In der Einstellung zur Politik und in der Fähigkeit, politische Prozesse zu verstehen, zeigen sich bedeutsame Unterschiede der politischen Kultur in Japan, Europa und den Vereinigten Staaten: Japaner betrachten sich traditionell als weniger politisch kompetent im Vergleich zu den Wählern in anderen Demokratien.[45] Dieser Unterschied kann auf eine weniger lange Gewöhnung der Bürger an demokratische Institutionen und Normen zurückgeführt werden. Dabei ist die gouvernementale Orientierung der Wähler stark: Politik wird in erster Linie als Regierungshandeln wahrgenommen.

Dieses Bewußtsein ist auch sprachlich vermittelt. Einige Begriffe sollen diesen Sachverhalt verdeutlichen: Der Begriff ›politische Bewegung‹ (*seiji undō*) brachte zunächst, nach der ursprünglichen Bedeutung der verwendeten chinesischen Zeichen, ›Angelegenheiten des Regierens‹ zum Ausdruck und erhielt erst später die Bedeutung der Verfolgung eines Ziels durch eine Gruppe. ›Verwaltung‹ (*gyōsei*) wurde ursprünglich mit der ›Ausübung der Regierungsgewalt‹ gleichgesetzt und erst in der *Meiji*-Zeit ausschließlich der Exekutive zugeordnet. Der Begriff ›Parlament‹ (*kokkai*) symbolisierte zunächst die ›Finanzen des Reiches‹ und wird erst seit der *Meiji*-Zeit (wie *gikai*) mit dem ›Reichstag‹ gleichgesetzt. Der Begriff ›Oberhaus‹ (*sangiin*) bezeichnete ursprünglich einen hohen Beamtenrang, danach hohe Staatsminister und erst seit 1946 die zweite Kammer des Parlaments. Der Begriff ›Wahlen‹ (*senkyo*) brachte zunächst das Verfahren der ›Auswahl zur Anstellung als Staatsdiener‹ und ›Beförderung‹ zum Ausdruck und wird im parlamentarischen Sinne zum ersten Mal im Jahre 1869 verwendet. Schließlich ist auch der Begriff ›Minister‹ (*daijin*) stark durch eine konfuzianisch-bürokratische Tradition geprägt: Er bezeichnete zunächst ›oberster Beamter, Diener des Herrschers‹, dann Kanzler des japanischen Beamtenstaates (›Kanzler zur Rechten‹, ›Kanzler zur Linken‹), schließlich 1868 alle höheren Beamten dem Ausland gegenüber und erst mit der Verabschiedung der *Meiji*-Verfassung (1889) den ›Minister im westlichen Verständnis als Mitglied des Kabinetts‹. ›Kabinett‹ (*naikaku*) war zunächst eine Bezeichnung für die Behörde des obersten Ministers.[46]

Gouvernementales Bewußtsein ist jedoch nicht mit autoritärer Fixierung und politischer Gleichgültigkeit zu verwechseln. Obwohl Umfragen in Japan immer wieder eine große Zahl apathischer Wähler ausweisen, ist das Ausmaß politischer Beteiligung und politischen Bewußtseins in Japan mit dem westlicher Demokratien durchaus vergleichbar. Es ist nicht zu verkennen, daß demokratische Normen von der japanischen Gesellschaft immer mehr akzeptiert werden, wozu in erster Linie ein leistungsfähiges Bildungswesen und die weite Verbreitung der Massenmedien beigetragen haben.

Die ambivalente Einschätzung der Qualität der Politik, die gelegentlich als ein spezifisches Merkmal der japanischen politischen Kultur angesehen wird, ist im übrigen auch in England, Italien, den Vereinigten Staaten und Deutschland anzutreffen. Das Vertrauen in die Tragfähigkeit von Wahlversprechungen und in die Bedeutung der eigenen Stimmabgabe für das zukünftige Verhalten der Regierung ist – vielleicht mit Ausnahme der Vereinigten Staaten – in allen Demokratien der Gegenwart gering. Sind die politischen Einstellungen der Japaner somit keineswegs einzigartig, so ist auch die Gefährdung der japanischen Massendemokratie durch autoritäre Entwicklungstendenzen der politischen Führung nicht größer als in westlichen Demokratien.

Fragt man nach den Auswirkungen der Nachkriegsreformen auf die politische Kultur, so zeigt sich, daß in Japan – im Unterschied etwa zur Bundesrepublik – Formen aktiver politischer Beteiligung eher im lokalen Bereich als im Bereich gesamtstaatlicher Politik akzeptiert werden, da die Gruppenorientierung auch auf die unmittelbare politische Nachbarschaft übertragen wird. Die von den Nachkriegsreformen angestrebte Demokratisierung der japanischen Gesellschaft scheint in der lokalen Politik eher vollzogen worden zu sein als in der nationalen Politik. Das wird beispielsweise bei der im Vergleich zu den USA und europäischen Demokratien geringeren Bedeutung der Parteiidentifikation für den Wahlentscheid und dem traditionell stärkeren Gewicht der Kandidatenorientierung deutlich. Hier zeigen sich erhebliche Unterschiede zwischen den Generationen bei der grundsätzlichen Bereitschaft zu politischer Beteiligung.

Die skeptische, äußerst distanzierte und zuweilen zynische Einstellung zur Politik in der städtischen Wohnbevölkerung läßt andererseits die Stabilität der japanischen Nachkriegsdemokratie fragwürdig erscheinen. Antidemokratische Bewegungen verfügen nach wie vor über eine erhebliche Resonanzbasis, auch wenn demokratische Wertvorstellungen in der japanischen Gesellschaft stärker akzeptiert werden als jemals zuvor. Die Fähigkeit der japanischen Gesellschaft, westliche Normen und Lebensweisen zu übernehmen, verdeckt nur zu leicht die gleichbleibenden Orientierungsmaßstäbe sozialen und politischen Verhaltens.

4. Gruppenorientierung und Konsensprinzip

Der großen Kontinuität gesellschaftlicher Wertorientierungen entspricht eine hohe Absorptionsfähigkeit der japanischen Kultur. Für das politische System bedeutet dies, daß traditionelle Verhaltensweisen mit teilweise feudalen Zügen im Rahmen der neuen, demokratischen Institutionen beibehalten werden: Japans Moderne bleibt archaisch.[47] Auch unter den Bedingungen einer demokratischen Verfassung wird beispielsweise das Konsensprinzip (*matomari*) von der politischen und wirtschaftlichen Elite beibehalten. Das heißt: Entschieden wird nicht mehrheitlich, sondern einvernehmlich aufgrund eines langwierigen Prozesses wechselseitiger Abstimmung, Konsultation und Kompromisse; die Konsensbreite der Entscheidungen wird dadurch zwar erhöht, Zurechnung und Kontrolle werden dagegen erschwert. Die politische Kultur Japans wird insgesamt durch eine eigenwillige Synthese von Konformität und Wettbewerb geprägt, die auf kulturell geprägten Wertvorstellungen beruhen.[48] Durch die Integration von Loyalitäts- und Konformitätswerten in das Konzept des Wettbewerbs entfalten diese eine hohe Dynamik. Konformität wird so nicht zum retardierenden Element im Prozeß der gesellschaftlichen Modernisierung.

Wird das Establishment der politischen, bürokratischen und wirtschaftlichen Führungsgruppen zwar auch durch ähnliche Kontaktmuster wie in anderen Staaten zusammengehalten, so haben in Japan persönliche Bindungen und Verpflichtungen, die den Aktionsspielraum des Mitglieds der Eliten und seine Position im sozialen Gefüge genau bestimmen, ein stärkeres Gewicht als in anderen Ländern. Der soziale Standort wird durch formelle und informelle Gruppenbindungen in erheblich stärkerem Umfang festgelegt. Nur so ist zu erklären, daß traditionelle politische Zielvorstellungen – anders als in Deutschland – trotz der Nachkriegsreformen nachwirken konnten. Das gilt beispielsweise für das *kokutai*-Konzept: eine aus Elementen des Shintōismus und des Konfuzianismus zusammengesetzte Ideologie, die vor dem Kriege mit ihrer Betonung der angeblichen Einheit von Herrschern und Beherrschten, der Loyalität und strengen Autoritätsgläubigkeit das Harmoniemodell politischer und gesellschaftlicher Beziehungen in der politischen Kultur verwurzelt hat. Dieses für die politische Kultur Japans noch immer bedeutsame Modell gesellschaftlicher und politischer Beziehungen läßt konflikthafte Auseinandersetzungen, wie sie den Normen pluralistischer Demokratien entsprechen, als pathologische Abweichungen vom Tugendpfad prästabilisierter gesellschaftlicher Harmonie erscheinen. Demokratie als Wettbewerb von Ideen und Gruppen ist ein noch keineswegs allgemein akzeptiertes Prinzip.

Durch die soziokulturelle Tradition des Shintōismus wird der Umfang der Eigenverantwortung von den politisch Handelnden zudem nur eng begrenzt wahrgenommen: Die Hoffnung ruht auf künftiger Harmonie und Versöhnung, nicht auf den Lasten der Vergangenheit und ihrer Verarbeitung.[49] So werden Fehler der Vergangenheit verdrängt. Zugleich aber sind die Führungskräfte im staatlichen wie im unternehmerischen Bereich durch ein hohes Maß an Aktivität und Dynamik gekennzeichnet. Japanische Entscheidungsträger sind daher oft schneller imstande als ihre westlichen Kollegen, sich auf neue Entscheidungssituationen einzustellen, die bisherige Politik zu überdenken und auch eigene Fehler zu korrigieren.[50] Diese Fähigkeit haben sie wiederholt unter Beweis gestellt – in der Außenwirtschaftspolitik und im Umweltschutz, in der Vollbeschäftigungs- und in der Geldpolitik, in der Strategiepolitik und der Entwicklungshilfe, in der Technologieförderung und der Bildungspolitik. Ebenso, wie sie zu taktischen Änderungen aus einer durch und durch pragmatischen Perspektive kurzfristig in der Lage sind, verfolgen sie in mehreren Politikfeldern – der Technologie- und Entwicklungspolitik, der Forschungs- und Industriepolitik, der Umwelt- und Außenwirtschaftspolitik – langfristige Perspektiven, die sie zu ›Visionen‹ bündeln.

Jedes Mitglied der japanischen Gesellschaft gehört mehreren nach außen streng abgeschirmten Gruppen an, die sich als Gruppen von ›Insidern‹ verstehen. Die japanische Gesellschaft ist daher von japanischen Soziologen auch als eine ›komplexe Netzwerk-Gesellschaft‹ bezeichnet worden.[51] Mehr als in anderen Gesellschaften zeichnen sich ihre Mitglieder durch die Bereitschaft zum Kompromiß und zur Kooperation, zu einem nutzenorientierten Realismus und Pragmatismus und zugleich zum kompetitiven Verhalten aus. Netzwerke erfreuen sich daher in der japanischen Gesellschaft eines hohen Maßes an sozialer Anerkennung und wirken sich über die Verhaltensorientierung in Organisationen auch auf das politische Bewußtsein aus. Entscheidende Anforderungen sind die möglichst umfassende Beteiligung der Mitglieder einer Organisation an den Entscheidungen und die Fundierung dieser Entscheidungen auf dem möglichst breiten Konsens aller Beteiligten. Die Substanz der Entscheidungen selbst zählt demgegenüber weniger. Diese Verhaltensmaßstäbe mögen auch in anderen Gesellschaften vorhanden sein, sind aber in Japan stärker ausgeprägt. Die uneingeschränkte Geltung des Konsensprinzips, die eine hohe Homogenität der Meinungsbildung in den sozialen Gruppen zur Folge hat, fördert zugleich eine stärkere Polarisierung zwischen den Gruppen, indem Konfliktlinien in die Außenbeziehungen der Gruppen verlagert werden. Die Entwicklung des japanischen Parteiensystems mit seiner scharfen Frontstellung zwischen der konservativen Liberaldemokratischen Partei und der Sozialdemokratischen Partei als stärkster Oppositionspartei bestätigt diese Interpretation.

Gruppenorientierung und Konsensprinzip wirken sich auch auf die Binnensicht der japanischen Gesellschaft aus, wie sie in Meinungsumfragen zum Ausdruck kommt. So bezeichnen die Befragten die japanische Gesellschaft als friedfertig (72,6%), stabil (33,3%) und frei von Einschränkungen (16,0%) (Mehrfachnennungen).[52] Diese positive Bewertung wird allerdings durch eine kritische Auffassung ergänzt: 46,3% der Befragten halten ihre Gesellschaft für egoistisch und 44,9% für verantwortungslos. Auf einem ›guten Weg‹ sehen die optimistischeren Befragten die japanische Gesellschaft im Bereich ihrer Wirtschaftskraft (52,2%), der öffentlichen Sicherheit (26,5%) und des Wohlstandes (24,2%). Für die skeptischeren Befragten befindet sich die japanische Gesellschaft dagegen auf einem ›schlechten Weg‹ im Bereich des Umweltschutzes (60,7%), des Wohnungsbaus (43,0%) und der gesellschaftlichen Entwicklung (30,1%). 72,1% der Befragten zeigen sich mit ihren Lebensbedingungen zufrieden. Eine Sinnerfüllung ihres Lebens sehen die meisten in ihrer Familie (87,7%), ihrer Arbeit bzw. ihrem Studium (65,5%) und in sportlichen und kulturellen Freizeittätigkeiten (49,2%).[53] Kritische Leistungserwartungen und Leistungsbewertungen richten sich an den Staat vor allem im Bereich der Sozialleistungen, der Steuerpolitik, des Bildungswesens und des Wohnungsbaus. Diese Befunde deuten auf eine starke Gruppenorientierung hin – trotz aller Modernisierungs- und Individuierungsprozesse.

So haben Gruppenbindungen nach wie vor ein auch starkes politisches Gewicht. Politische Mobilisierung und Stimmabgabe werden durch soziale Netzwerke mehr als in den westlichen Demokratien gesteuert – und nicht so sehr durch vertikal strukturierte politische Eliten und gesellschaftliche Hierarchien. Umfragen in den 70er und 80er Jahren haben ergeben, daß sich etwa drei Viertel aller Wähler mit den Empfehlungen von Unterstützungsvereinigungen, Nachbarschaftsgruppen oder der Wahlwerbung der Kandidaten unmittelbar konfrontiert sehen.[54] Zieht man die Mitgliedschaft in diesen Vereinigungen (*kōen-kai*)[55] und die persönliche Ansprache durch die Kandidaten (etwa durch Wahlpostkarten) mit in Betracht, so entsprechen etwa 22 Prozent der Wähler mit ihrer Stimmabgabe einer Form von Gruppeneinfluß und Gruppendruck. Entgegen den Annahmen der Modernisierungstheorien wird der politische Einfluß dieser Gruppenbindungen nicht im erwarteten Ausmaß durch Urbanisierung und sozialen Wandel abgebaut.

Im Unterschied zu einer These von *Maruyama*[56] werden die mit ›Individualismus‹ und ›Demokratie‹ verbundenen Wertvorstellungen keineswegs nur mit dem großstädtisch-urbanen Leben verbunden. Diese assoziativen Formen der Individuierung, Grundlagen stabiler ›Demokratie als Herrschafts- und Lebensform‹ (C. J. Friedrich), sind auch in Kleinstädten und Dörfern in Gestalt von Nachbarschaftsvereinigungen (*jichi-kai*, *chōnai-kai*), Unterstützungsvereinigungen (*kōen-kai*) und anderen Organisationsformen anzutreffen. Es wird gelegentlich übersehen, in welchem Umfang sich solche Kommunikationskanäle zwischen Bürgern und Politikern seit langem auch in kleinen Gemeinden etabliert und damit ›assoziative‹ Grundlagen dezentraler Demokratie geschaffen haben.

5. Die Folgen des Wertewandels: neue Flexibilität

Wenn die herkömmlichen Instanzen sozialer Kontrolle in Nachbarschaft und Gemeinde das politische Verhalten nicht mehr in gleichem Umfang wie früher beeinflussen (*kamban*), wenn darüber hinaus Subventionen für Wählerhochburgen in den Wahlkreisen (*jiban*) und Vergünstigungen für einzelne Gruppen (*kaban*) nicht mehr im bisherigen Ausmaß wahlentscheidend sind, verringert sich auf Dauer die Bedeutung sozialer Netzwerke für den Wahlentscheid, und das Gewicht individueller Bewertungsmaßstäbe nimmt zu: politischer Verhaltensspielraum als Folge gesellschaftlicher Modernisierung. Entsprechend verringern sich auch in der japanischen ›Mittelschichtgesellschaft‹ die Bindungswirkungen organisatorischer Loyalitäten und politischer Ideologien: Der politische Transformationseffekt der sozialen Schichtung schwächt sich ab. Je mehr unterschiedliche Gruppennormen, Interessenkonflikte, widersprechende Informationen und gegensätzliche Gruppeneinflüsse das Wählerverhalten prägen, um so weniger beeinflussen sozialstrukturelle Faktoren und um so mehr politisch-psychologische Einschätzungen den Wahlentscheid.

Individualisierung heißt in diesem Zusammenhang: Die Entscheidung der Wähler wird weniger abhängig von ihrer Zugehörigkeit zu sozialen Gruppen. Nicht mehr die soziale Gruppenbindung allein, sondern eine ›neue Beweglichkeit‹ kennzeichnet das Wahlverhalten. Auch in den westlichen Industriestaaten hat im Wählerpotential der großen Parteien die Zahl derjenigen abgenommen, deren Wahlentscheidung durch soziodemographische Merkmale nachhaltig geprägt wird. Gleichwohl wirkt der soziale Hintergrund des Wahlverhaltens trotz der Individualisierung der Lebensstile – wenn auch in abgeschwächter, differenzierter Weise – fort. Der Anteil der Stammwähler geht kontinuierlich zurück, und die Bereitschaft zum Wechselwahlverhalten nimmt zu. Entsprechend hat der Einfluß der sozialen Schichtung – und damit langfristig wirksamer Determinanten – auf das Wahlverhalten abgenommen. Ist eine solche Entwicklung auch in Japan zu beobachten?

Der Zusammenhang zwischen Sozialstruktur und Wahlverhalten ist in Japan ohnehin seit jeher weniger stark ausgeprägt als in den westlichen Demokratien und hat sich gegenüber der Vorkriegszeit weiter abgeschwächt. Die politische Klasse aus Beamten, Unternehmern und lokalen Honoratioren kann das Wahlverhalten nicht mehr so stark wie früher beeinflussen. So ist Wahlverhalten in Japan nicht so sehr durch den sozioökonomischen Status geprägt wie in den USA und nicht so sehr durch soziale Schichten und Klassen wie in Europa. Die Prägekraft dieser sozialstrukturellen Konflikte für das Wahlverhalten nimmt auch in Japan weiter ab. Bedeutsamer sind vielmehr Beschäftigungsstatus, Unternehmenstypus und das berufliche Umfeld.

Diese Faktoren wirken über Wertvorstellungen und soziale Netzwerke auf die Wählerpräferenzen ein: Wertorientierungen und Kontextfaktoren stärken sich gegenseitig. Beide dienen als Filter politischer Wahrnehmung und als Richtschnur politischer Bewertung. Wendet man diese Perspektive auf die Wahlergebnisse der 70er und 80er Jahre an, so zeigen sich erhebliche Bewertungsunterschiede zwischen den Generationen und zwischen den Bildungsschichten. Wertorientierungen sowie Berufssituation und Wohnumfeld prägen das Wahlverhalten sehr stark und werden dabei durch Stadt-Land-Gegensätze überlagert: Im städtischen Umfeld wirkt die Integration in die Nachbarschaft den ›progressiven‹ Einflüssen auf das Wahlverhalten entgegen. Dagegen gehen in ländlichen Gebieten mit den hier bestimmenden ›konservativen‹ sozialen Netzwerken von einem modernen Berufsumfeld Einflüsse aus, die ein oppositionelles Wahlverhalten begünstigen.

Nach wie vor prägen somit soziale Netzwerke und Gruppenbindungen die politischen Orientierungen. Diese Loyalitäten stabilisieren zugleich die politischen Präferenzen. Im Vergleich zu den westlichen Demokratien ist daher der Einfluß der Medien und der frühen politischen Sozialisation auf das spätere Wahlverhalten in Japan vergleichsweise gering. Entscheidender sind hier die späteren Veränderungen des Berufskontextes und des Wohnumfeldes. Massenmedien spielen andererseits eine maßgebliche Rolle bei der Vermittlung politischer Informationen, dem Grad politischen Interesses und politischer Beteiligung. Nicht direkt, sondern indirekt – durch Unterstützung von gesellschaftlichen Einstellungen und Wertvorstellungen – beeinflussen sie auch politische Orientierungen, und zwar auf dreifachem Wege: 1. durch Prägung des Images von Kandidaten im Vergleich zu Partei- und Themenpräferenzen, 2. durch Betonung einzelner politischer Themen und 3. durch langfristige Formung politischer Einstellungen und politischer Bezugssysteme im politisch nicht gebundenen, hochinformierten Teil der Wählerschaft. Mit anderen Worten: Über verschiedene Zwischenstufen beeinflussen die Medien die Erfolgschancen der Parteien langfristig und tragen zudem zur Verbreitung neuer Wertvorstellungen bei.

Je mehr das anhaltende wirtschaftliche Wachstum die wirtschaftlichen Grundbedürfnisse befriedigt, um so geringer wird das Gewicht traditioneller Streitfragen eher materieller Natur, die vorrangig die Funktionsfähigkeit von Politik und Wirtschaft betreffen, und um so größer wird die Bedeutung immaterieller Fragen, die die Legitimität des politischen Systems insgesamt betreffen. Dieser Zusammenhang, durch Präsenz und Wirkung der Massenmedien verstärkt, läßt sich gut an den Ursachen der Wahlniederlage der LDP in der Oberhauswahl 1989 illustrieren, die nach den Ergebnissen der Meinungsumfragen sicherlich auch durch die öffentliche Debatte um die neue Verbrauchssteuer und die ungewissen Folgen der Außenhandelsliberalisierung, vor allem aber durch die Folgen des Recruit-Skandals geprägt wurde. Diese Faktoren aber wirken nur kurzfristig und stabilisieren das Parteiensystem nicht in einer neuen Formation. Im jüngeren Teil der Wählerschaft lassen sich dabei die neuen Wertorientierungen, vor allem die geringere Bereitschaft zur Gruppenloyalität in unterschiedlichen Kontexten, besonders deutlich feststellen. Diesem Wertewandel hatte bereits vor längerer Zeit der Aufbau von politischen Unterstützungsvereinigungen für Wahlkandidaten (*kōen-kai*) Rechnung getragen, die an die Stelle des früheren ›Boß-Systems‹ getreten waren: Formale Organisationen übernahmen die Rolle lokaler Bosse und politischer Makler.

In Japan ist in der Diskussion um die Theorie des postindustriellen Wertewandels[57] die Struktur politischer Wertorientierungen in vier Dimensionen untersucht worden: Einfachheit vs. Genußorientierung, Religiosität und Selbstdisziplin vs. weltliche Orientierung und Schrankenlosigkeit, Konformität und Abhängigkeit vs. Unabhängigkeit und Unterordnung unter Autoritäten vs. Selbstbestimmung und Selbstverwirklichung. An diesen Kriterien gemessen, sind nach der Untersuchung von Scott Flanagan 80% Traditionalisten und 17% Libertäre.[58] Bei veränderten, eher libertären Wertorientierungen bleibt die traditionelle Lebenszielorientierung somit im Kern erhalten. Auch bei steigendem Wohlstand nehmen Leistungsorientierung sowie das Streben nach weiterem Wohlstand nicht ab.

Wie in anderen Industriestaaten hat der steigende Massenwohlstand aber auch in Japan die gesellschaftlichen Werthierarchien beeinflußt. So neigen die Anhänger traditioneller Wertvorstellungen mehr zu den Liberaldemokraten, Libertäre dagegen zu den Linksparteien. In diesem Wertewandel liegt zugleich eine Ursache der Erosion des konservativen Wählerpotentials in den 70er Jahren begründet. Der Links-Rechts-Gegensatz hat somit nicht nur eine ökonomische, sondern auch eine kulturelle Dimension. Die letztere kann mit dem erwähnten Wertkonflikt zwischen Genügsamkeit und Genußorientierung sowie Konformität und Unabhängigkeit umschrieben werden und kennzeichnet alle Generationen. Im Unterschied zu Europa besteht in den Wertorientierungen der japanischen Wählerschaft allerdings kein enger Zusammenhang zwischen libertären und postmaterialistischen Orientierungen. Ein Grund kann darin gesehen werden, daß Wohlstands- und Bildungsstandards in Japan weniger eng aneinander gekoppelt sind als in Europa.[59] Trotz dieser Unterschiede steht Japan jedoch – wie auch die westlichen Demokratien – vor der Herausforderung, politische Antworten auf den Wandel gesellschaftlicher Werte zu finden. Die aktuelle Diskussion um die politischen Skandale unterstreicht dieses Dilemma.[60]

In neueren Umfragen schlägt sich die starke Distanz der Bürger zum politischen System deutlich nieder: Während etwa ein Drittel der Befragten bei den im Auftrag des ›Amtes des Premierministers‹ von 1987 bis 1991 durchgeführten Repräsentativumfragen die Auffassung vertreten, daß sich Denkweisen und Auffassungen der Bevölkerung in der Politik des eigenen Landes widerspiegelten, streiten nahezu zwei Drittel der Befragten diesen Zusammenhang ab.[61] Entsprechend erklärten bei einer von der *Asahi Shimbun* im November 1992 durchgeführten Repräsentativumfrage 81% der Befragten, sie besäßen ›kein Vertrauen‹ in die gegenwärtige Politik. 55% der Befragten sahen sich nicht in der Lage, eine Partei ihres Vertrauens zu benennen.[62]

Das Ausmaß, in dem andererseits demokratische Werte und Institutionen von der Bevölkerung bejaht werden, ist auch im Vergleich zu Europa und Amerika durchaus eindrucksvoll. Die politische Partizipation, politische Kritik und die Wahrnehmung politischer Rechte haben die Legitimität des neuen, demokratischen Systems gefestigt. Hierzu tragen auch der im internationalen Vergleich hohe Bildungsstand der Bevölkerung, das breite Informationsangebot der Medien und die effektive politische Einflußnahme von Verbänden, Bürgerinitiativen und Nachbarschaftsvereinigungen bei. Höhere Bildung, die Wirkung der Massenmedien und steigende Ansprüche an umfassendere politische Beteiligung erschweren jedoch zugleich die Formulierung und Durchsetzung bindender Entscheidungen.[63] Sie schaffen ein fundamentales Dilemma zwischen der Eigendynamik gesellschaftlicher Erwartungen sowie stärkerer politischer Partizipation der Bürger und der Entscheidungsfähigkeit des politischen Systems. Japan macht hier keine Ausnahme.

V. Kapitel: Die politischen Parteien

1. Die einzelnen Parteien

Die parlamentarische Demokratie Japans wird seit vier Jahrzehnten durch fünf Parteien geprägt, deren politisches Gewicht allerdings unterschiedlich ist: die (konservative) Liberaldemokratische Partei (LDP; *Jimintō*) stellt seit ihrer Gründung im Jahre 1955 die Regierung und verfügte bis 1993 im Unterhaus über eine stabile Mehrheit. Die stark zersplitterte Opposition wird demgegenüber durch die (linkssozialistische) Sozialdemokratische Partei Japans (SDPJ; *Shakaitō*), die (sozialdemokratische) Demokratisch-Sozialistische Partei (DSP; *Minshatō*), die (buddhistische) *Kōmeitō* (›Partei für eine saubere Regierung‹) und die Kommunistische Partei Japans (KPJ; *Kyōsantō*) gebildet. Das Parteienspektrum wird ferner ergänzt durch neue Parteien (›Neue Partei Japans‹ etc.), die sich überwiegend als Konkurrenten und Korrektive zur Regierungspartei im mittleren und rechten Spektrum der Wählerschaft verstehen.

Der linke Teil dieses Spektrums wird durch die SDPJ und die KPJ geprägt, während sich *Kōmeitō* und DSP in der politischen Mitte zu profilieren suchen und dabei Kooperationen in Einzelfragen mit der regierenden LDP nicht ausschließen. Diese ist wiederum keine programmatisch oder ideologisch orientierte Partei, sondern Sammelbecken einer Vielzahl eher konservativer und liberaler Gruppen, die sich als Faktionen um einzelne Politiker gruppieren. Deren Konkurrenz – und die Stärke ihrer jeweiligen Gefolgschaften und Finanzierungsquellen – bestimmt das innerparteiliche Machtgefüge. Der Wettbewerb der Faktionen entscheidet folglich auch über Spitze und Zusammensetzung der jeweiligen Regierung. Denn der Parteivorsitzende ist zugleich Regierungschef, und die Mitglieder des Kabinetts repräsentieren stets die Stärke der Faktionen im Parlament.

a) **Liberaldemokratische Partei** (LDP; *Jimintō*). Das Verfahren der Wahl des Parteivorsitzenden der LDP (und damit zugleich des Regierungschefs) ist 1978 reformiert worden. Während sich zuvor nur die Parlamentsabgeordneten und jeweils ein Delegierter der Präfekturbezirke der Partei an dieser Wahl beteiligen konnten, wurden mit der 78er Reform Urwahlen in allen Parteibezirken eingeführt, die es künftig allen Parteimitgliedern und assoziierten Mitgliedern (*tōyū*, ›Freunde der Partei‹) möglich machten, an der Wahl des Vorsitzenden mitzuwirken. Durch diese Urwahlen werden die drei erfolgreichsten Kandidaten ermittelt, und unter diesen treffen die Abgeordneten die endgültige Auswahl. Daß dieses Verfahren bei insgesamt 1,5 Millionen LDP-Mitgliedern die Möglichkeiten des herkömmlichen Stimmenkaufs einschränkt, liegt zumindest in der ersten Phase des Wahlverfahrens auf der Hand. Ob es aber auch, wie beabsichtigt, das politische Gewicht der Faktionen verringern kann, erscheint nach der bisherigen Erfahrung zweifelhaft. Denn nur einmal, direkt nach seiner Einführung 1978, ist dieses Verfahren so angewendet worden. In allen anderen Fällen machten die Faktionsbosse, wie zuvor, die Person des neuen Vorsitzenden unter sich aus. Schon bei der 78er Nominierung waren diese Faktionsrivalitäten bis auf die Mitgliederbasis durchgeschlagen und hatten damit das eigentliche Ziel der Reform – die Aktivierung der Mitgliederschaft – unterlaufen.[64]

Die Parteispitze der LDP setzt sich aus folgenden Amtsträgern zusammen: dem Parteivorsitzenden, den Beratern des Vorsitzenden (frühere Parteivorsitzenden und frühere Präsidenten der beiden Kammern des Parlaments), dem Stellvertretenden Vorsitzenden, dem Generalsekretär, den stellvertretenden Generalsekretären, dem Parteirat (General Council) als höchstem Entscheidungsgremium (aus 30 Parlamentsabgeordneten bestehend), dem Planungsausschuß (Policy Affairs Research Council, PARC) und einer Vielzahl von Sonderausschüssen.[65] In diesem Rahmen wird das eigentliche Gravitätszentrum der innerparteilichen Machtbildung durch die Allianzen der einflußreichsten Faktionsvorsitzenden geprägt. So wurde die zu Beginn der 90er Jahre dominierende Führungstroika häufig auch als ›Kon-Chiku-Shō-Linie‹ bezeichnet und damit die Vorrangstellung von *Kanemaru* (Kon), *Takeshita* (Chiku) und *Ōzawa* (Shō) umschrieben. *Kanemaru* war als Stellvertretender Parteivorsitzender lange Zeit die ›graue Eminenz‹ der LDP, der frühere Premier *Takeshita* Vorsitzender der damals größten, nach ihm benannten Faktion und *Ōzawa* einflußreicher, früherer Generalsekretär und Vorsitzender einer von der früheren *Takeshita*-Faktion abgespaltenen Gruppe.

In der Mitgliederstruktur und in ihren Finanzierungsquellen spiegelt sich die starke Verflechtung der LDP mit vielfältigen lokalen Netzwerken und mit großen Wirtschaftsverbänden wider. Die Finanzausstattung der LDP hängt von der ›Volksvereinigung‹ (*Kokumin-kyōkai*) ab, einer Spendensammelorganisation der Wirtschaftsverbände, den Spenden der Mitgliedsunternehmen an die Faktionen der Partei und einer weiteren, aus Einzelmitgliedern bestehenden Spendenorganisation: der ›Vereinigung zur Verteidigung der freien Gesellschaft‹ (*Jiyu shakai o mamoru-kai*). Dadurch wächst die Bedeutung der großen Wirtschaftsverbände (*Keidanren*, *Nikkeiren*, *Nissho*, *Keizai Koyukai*) für die Finanzierung der LDP, während die Bedeutung der unmittelbar den Faktionen zukommenden Spenden abnimmt. Seit Ende der 80er Jahre kann die Parteizentrale der LDP erstmals mehr Spenden auf sich vereinigen als die Faktionen. Damit kann sie den zentrifugalen Kräften innerhalb der Partei inzwischen wirksamer begegnen als früher.

b) Die **Sozialdemokratische Partei Japans** (SDPJ; *Shakaitō*) hat seit ihrer Gründung durch den Zusammenschluß von Rechts- und Linkssozialisten im Jahre 1955 stets einen doktrinären, linkssozialistischen Kurs verfolgt. Der Sicherheitsvertrag mit den USA wurde abgelehnt, die Notwendigkeit der ›Selbstverteidigungsstreitkräfte‹ verneint und eine ›positive Neutralität‹ Japans befürwortet. Auch ›Maoisten‹, ›Trotzkisten‹ und ›Togliattisten‹ fanden in der *Shakaitō* eine politische Heimat; die *Shakaitō* verstand sich stets mehr als ›Klassenpartei‹ denn als ›Massenpartei‹ und pflegte orthodoxes sozialistisches Gedankengut bis hin zu stalinistischen Versatzstücken.

Eine programmatische Kurskorrektur setzte 1986 ein, als sich die Partei vom sowjetischen Kommunismus distanzierte und sich nunmehr für eine ›sozialdemokratische Philosophie‹ aussprach. Der Begriff ›wissenschaftlicher Sozialismus‹ sollte an die Stelle des Marxismus-Leninismus und die ›Macht der Arbeiterschaft‹ an die Stelle der ›Diktatur des Proletariats‹ treten. Schließlich ersetzte im Jahre 1990 die Formel der ›sozialen Demokratie‹ die zuvor geforderte ›sozialistische Revolution‹. Aufgegeben wurde auch das Konzept unbewaffneter Neutralität Japans; der Sicherheitsvertrag mit den USA sollte nicht mehr, wie zuvor gefordert, gekündigt werden. Jedoch blieben tiefgreifende ideologische Meinungsverschiedenheiten unter den Funktionären und Mitgliedern bestehen. Je mehr sich die *Shakaitō* zur politischen Mitte orientiert, um so mehr entfremdet sie ihren linken Parteiflügel. Von einer modernen sozialdemokratischen Partei ist sie trotz dieser Korrekturen noch weit entfernt.

Unter dem Einfluß der früheren Parteivorsitzenden *Doi* ist die SDPJ mit der ›Doi-Vision‹ 1989 von früheren dogmatischen Programmaussagen abgerückt. Nach den Aussagen dieses Programms beruhen die Beziehungen zu Nord- und Südkorea auf Freundschaft und friedlicher Koexistenz: Japan solle zur Annäherung der beiden Staaten beitragen. Der ehemals von der SDPJ abgelehnte Sicherheitsvertrag mit den USA solle auch unter einer sozialistischen Regierung beibehalten werden, um eine kontinuierliche japanische Außenpolitik zu gewährleisten. Allerdings sieht dieses Programm eine Verlagerung der japanisch-amerikanischen Beziehungen von der militärischen auf die wirtschaftliche Ebene vor. Dabei unterstützt die *Shakaitō* die drei ›Antiatomprinzipien‹; die gemeinsamen Manöver mit den USA sollen nach und nach ganz entfallen und die Präsenz amerikanischer Truppen auf japanischem Boden abgebaut werden.

Noch immer hat die *Shakaitō* aber nicht vollständig mit ihrer dogmatischen Tradition gebrochen. Ihr marxistisch-leninistischer Flügel, die ›Sozialistische Vereinigung‹ (*Shakaishugi kyōkai*) stellt auch nach den demokratischen Revolutionen in Osteuropa eine einflußreiche Größe dar. Während die Partei gegenüber dem (kritischen) Ausland durch die neue englischsprachige Fassung ihres Namens (**S**ocial **D**emocratic **P**arty of **J**apan) eine sozialdemokratische Fassade aufbaut, zugleich aber an der alten Neutralitätsformel ihrer Außenpolitik (›unbewaffnete Neutralität‹) festzuhalten sucht, haben Mitglieder der *Shakaishugi kyōkai* vor nicht allzu langer Zeit in internen Diskussionen dieses Neutralitätskonzept als strategische Grundlage des Beitritts eines künftigen, sozialistisch geführten Japans zum früheren Warschauer Pakt interpretiert. Der Zusammenbruch des kommunistischen Herrschaftssystems hat daher die ideologische und programmatische Orientierungslosigkeit der größten Oppositionspartei erneut offengelegt. In ihrem Aktionsprogramm vom 15. Dezember 1992 erklärt die *Shakaitō* zwar ihre Bereitschaft zur Übernahme von Regierungsverantwortung und setzt sich für die Bildung einer ›Regierung des Reformnotstandes‹ ein. Sie will diese Forderung zusammen mit der Neuen Partei

Japans (*Nihon Shintō*) und der ›Vereinigung für eine Heisei-Erneuerung‹ (*Heisei ishin no kai*) verwirklichen. Dennoch steht eine sozialdemokratische Kurskorrektur noch immer aus.

Das programmatische Profil der *Shakaitō* bleibt somit unklar: Widersprüchlich bleibt die Einstellung der Partei zum Sicherheitsvertrag mit den USA und zu den Selbstverteidigungsstreitkräften, widersprüchlich bleiben ferner die Aussagen zur Kernenergie und zu aktuellen innenpolitischen Fragen. Darunter muß ihre Anziehungskraft auf potentielle Wechselwähler leiden. Das schlechte Abschneiden der Partei in der Oberhauswahl 1992 wie in den Unterhauswahlen 1990 und 1993 belegt diese Wechselwirkung erneut. Auch eine Integration der ›Sozialdemokratischen Liga‹ (*Shaminren*) wird hieran wenig ändern. Der im Oberhaus vertretene Gewerkschaftsverband *Rengō* ist außerdem nach seiner vernichtenden Wahlniederlage in der Oberhauswahl 1992 kein erfolgversprechender Partner mehr.

Nach anhaltenden Wahlniederlagen der von ihm unterstützten Oppositionsparteien und dem vollständigen Scheitern der eigenen Kandidaten in der Oberhauswahl 1992 überdenkt der Gewerkschaftsverband *Rengō* seine traditionelle Unterstützung der Sozialisten und erwägt sogar die Gründung einer neuen politischen Partei. Mit dieser Spekulation will er Druck auf die SDPJ im Hinblick auf eine grundsätzliche Parteireform ausüben. Einzelne Mitgliedsgewerkschaften des *Rengō* wie die Gewerkschaft der Präfektur- und Gemeindearbeiter kritisierten die ideologische Ausrichtung der *Shakaitō* oder erwogen die Unterstützung reformwilliger konservativer Kandidaten. Damit soll die SDPJ zur Formulierung eines pragmatischen Kurses und zur Öffnung der Parteiorganisation für neue Mitglieder veranlaßt werden. Diese Forderungen werden unterstützt von parteiinternen Reformgruppen. Die Entwicklung eines pragmatischeren und offeneren Kurses der größten Oppositionspartei wird davon abhängen, ob diese Gruppen sich durchsetzen können.

c) **Demokratisch-Sozialistische Partei** (DSP; *Minshatō*). Die 1960 gegründete und aus einer Abspaltung von der *Shakaitō* hervorgegangene Demokratisch-Sozialistische Partei hat sich von Anfang als eine sozialdemokratische Partei europäischen Typs verstanden. In dem stark polarisierten Parteiensystem Japans hat sie jedoch nicht aus dem politischen Schatten der SDPJ hervortreten und sich nicht zu einer ernstzunehmenden

Alternative entwickeln können. Ihre traditionellen Leitbilder sind der Demokratische Sozialismus, der Aufbau eines Wohlfahrtsstaates und die Allianz mit den Vereinigten Staaten. Eine ›unbewaffnete Neutralität‹ Japans wird abgelehnt. Von der *Shakaitō* unterscheidet sich die DSP vor allem durch größeren Pragmatismus und prinzipiellen Antikommunismus.[66] Dennoch haben sich die ideologischen Differenzen in den letzten Jahren verringert, und nach der Gründung des Gewerkschaftsbundes *Rengō* erscheint eine Zusammenarbeit zwischen den beiden Linksparteien nicht mehr so utopisch wie zuvor.

Nach zahlreichen Wahlniederlagen, die sie fast auf den Status einer Splitterpartei zurückgeworfen haben, bleibt die DSP weiterhin im Zentrum des politischen Spektrums verankert. Sie ist ihrem ursprünglichen Pragmatismus treu geblieben und stimmt mit der LDP in vielen Fragen überein. Sollte sich allerdings die *Shakaitō* weiterhin mäßigen und zur politischen Mitte hin orientieren, würde der politische Bewegungsspielraum der *Minshatō*, deren Wählerpotential in den 70er und 80er Jahren zudem stark geschrumpft ist, noch enger. Von der in den letzten Jahren angestrebten Schlüsselrolle bei der Neuorientierung des Parteiensystems ist die DSP weit entfernt. Inzwischen kann sie nicht einmal mehr der Unterstützung ihrer klassischen Anhängerschaft wie der *Zensen Domei* (Postgewerkschaft) sicher sein.

d) Die **Kōmeitō** stellt einen besonderen Parteientyp dar. Als ›politischer Arm‹ der buddhistischen Sekte *Soka Gakkai* (›Werteschaffende Gesellschaft‹) wurde sie 1964 als eine Partei gegründet, die ihrerseits aus der ›Liga für saubere Politik‹ (*Kōmei seiji renmei*) hervorging. Durch die Verzahnung mit der *Soka Gakkai* ist sie dem im 13. Jahrhundert begründeten Nichiren-Buddhismus verpflichtet. Während sie ihre politischen und religiösen Ziele zunächst mit radikalem Anspruch proklamierte, hat sie nach und nach eine mittlere Position im Parteiengefüge eingenommen. Die *Kōmeitō* strebt eine Einheit von Staat und Religion (*obutsu myōgō*) im Sinne ›buddhistischer Demokratie‹ an. Das Leitbild eines ›humanistischen Sozialismus‹ soll sie als eine Partei der politischen Mitte ausweisen. Ihre Ziele sind die Stärkung der Vereinten Nationen, die Teilliberalisierung der Reisimporte, die Reform des Steuersystems, die Senkung der Grundstückspreise, die Bekämpfung der Korruption, politische Reformen und die Einführung des Verhältniswahlrechts.

In diesen Programmaussagen schlägt sich ein langfristiger Trend ihrer innenpolitischen Standortbestimmung nieder: Die *Kōmeitō*, nach ihrer Gründung zunächst als militante, dogmatische Partei eingestuft, hat sich im Laufe der Jahre politisch-programmatisch zur Mitte hin orientiert. Avancen an die Linksparteien waren nur von kurzer Dauer. Die Partei setzt sich inzwischen für den Sicherheitsvertrag mit den USA ein und bejaht die Selbstverteidigungsstreitkräfte.

Bis 1970 waren *Kōmeitō* und *Soka Gakkai* ›untrennbar verbunden‹. Wegen einiger vom damaligen *Soka-Gakkai*-Vorsitzenden verursachter Skandale und offenkundiger Korruption haben sich Partei und *Soka Gakkai* aber inzwischen formal getrennt. Seitdem läßt die *Kōmeitō* die Übernahme von Führungsämtern in der *Soka Gakkai* für ihre Funktionäre nicht mehr zu. Nach wie vor sind *Soka-Gakkai*-Mitglieder sehr aktiv und organisatorisch in ›Zellen‹ und ›Blocks‹ eingebunden. Nur jeder zehnte *Kōmeitō*-Abgeordnete gehört nicht der *Soka Gakkai* an. Das Wählerpotential der Partei scheint entsprechend fest gefügt und auf die untere Mittelschicht konzentriert.

Die *Kōmeitō* kann sich mit einer Wählerzahl von derzeit 6,4 Millionen (Oberhauswahl 1992) auf 8 Millionen Familien stützen, die überwiegend der *Soka Gakkai* angehören. Diese wiederum zählt außerhalb Japans außerdem 1,26 Millionen Mitglieder in 115 Ländern. Obwohl die Sekte durch einen Konflikt zwischen den Priestern des *Taisekiji*, des führenden Tempels des *Nichiren-Shoshū*, und den Laien geprägt wird, bleibt sie die mitglieder- und finanzstarke Stütze der *Kōmeitō*.

›Graue Eminenz‹ der *Kōmeitō* ist ihr früherer Vorsitzender *Ikeda*, der als Präsident der ›Soka Gakkai International‹ internationale Kontakte knüpft und seine politisch-gesellschaftliche Stellung durch eine aufwendige Besuchsdiplomatie stützt. Die Partei findet ihre Anhänger vor allem unter den Beschäftigten der Klein- und Mittelindustrie, für deren sozialstaatliche Absicherung sie sich nachdrücklich einsetzt. Aufgrund des disziplinierten Abstimmungsverhaltens ihrer Mitglieder kann sie ihr Wählerpotential präzise einschätzen und ihre Wahlkämpfe genau planen. Dennoch vermag sie aufgrund einer gewachsenen Distanz ihrer Mitglieder ihren Kandidaten Wahlerfolge nicht mehr wie früher zu ›garantieren‹.

Immer mehr versteht sich die *Kōmeitō* als potentieller Koalitionspartner der Liberaldemokraten und sieht ihre künftige Rolle – auch unter Verweis auf die deutsche FDP – als ›Mehrheitsbeschaffer‹. Im Oberhaus nimmt sie diese Rolle schon wahr und hat daher im Jahre 1992 für den Gesetzentwurf der Regierung zur Unterstützung von Friedenssicherungsmaßnahmen der Vereinten Nationen (PKO-Gesetz) gestimmt.

e) Die **Kommunistische Partei Japans** (KPJ; *Kyōsantō*) verfolgt nach wie vor ihre drei klassischen Ziele: 1. Neutralisierung Japans, 2. Abschaffung der ›Herrschaft des Großkapitals‹ und 3. Bekämpfung des Militarismus. Durch das Tienanmen-Massaker Anfang Juni 1989 in Peking, den Zerfall der Sowjetunion und die demokratischen Revolutionen in Osteuropa ist sie allerdings in erkennbare Argumentationsschwierigkeiten geraten. Eine neue Standortbestimmung steht noch aus.

Wichtige Stütze der KPJ mit einem Wählerpotential von bis zu 10 Prozent ist die Lehrergewerkschaft *Nikkyōsō*. Einer hohen Mitgliederzahl (450.000) der Partei steht aber zu Beginn der 90er Jahre mit 16 Unterhausmandaten nur eine schwache parlamentarische Vertretung gegenüber. Allein aufgrund der Auflage der Parteizeitung *Akahata* (Rote Fahne) mit 3,5 Millionen Exemplaren ist die KPJ, gemessen am Umfang der registrierten Einnahmen, die finanzstärkste Partei Japans.

Das Parteiensystem wird ferner geprägt durch etwa 400 rechtsradikale Organisationen, die vor allem die LDP unter Druck zu setzen suchen, sowie durch einige neue Parteien:[67]

- der *Shaminren* (Shakai Minshu Rengō, Sozialdemokratisches Bündnis), 1978 aus einer Abspaltung der Shakaitō hervorgegangen;
- *Rengō Sangiin*, die Oberhausgruppe des Gewerkschaftsbundes *Rengō*;
- die *Neue Partei Japans*, 1992 unter dem Vorsitz des früheren liberaldemokratischen Gouverneurs von Kumamoto Hiromori Hosokawa gegründet, setzt sich für Bekämpfung der Korruption und Dezentralisierung der Verwaltung ein;
- die aus Abspaltungen der LDP hervorgegangene ›Erneuerungspartei‹ (*Shinseitō*) unter dem Vorsitz des früheren Finanzministers Tsutomu Hata und die ›Neue Partei: Vorreiter‹ (*Shintō Sakigake*) unter dem Vorsitz des früheren liberaldemokratischen Politikers Masayoshi Takemura, beide im

Juni 1993 gegründet, verstehen sich als Protestbewegungen gegen die nach zahlreichen Skandalen deutlich gewordene Reformunfähigkeit der LDP und als Motoren einer Erneuerung der politischen Mitte. Sie sind – wie die Neue Partei Japans – reformorientierte Parteien aus dem liberalkonservativen Spektrum und daher sowohl Bündnispartner der bisherigen Oppositionsparteien als auch potentielle Koalitionspartner der Liberaldemokraten.

Tabelle 2: Zusammensetzung des Parlaments (Juli 1993)*

	Unterhaus	Oberhaus
LDP	223	100
SDPJ (Shakaitō)	70	69
Kōmeitō	51	24
Erneuerungspartei (Shinseitō)	55	8
KPJ	15	11
DSP	15	7
Neue Partei: Vorreiter (Shintō Sakigake)	13	0
Rengō	0	12
Neue Partei Japans	35	4
Shaminren	4	2
Sonstige (ohne Fraktionsbindungen; Unabhängige)	30**	15
	511	252

*) Die Zahlen geben die Zusammensetzung des Parlaments unmittelbar nach der Unterhauswahl vom 18. Juli 1993 wider.
**) Von den 30 ›Unabhängien‹ gelten 10 als LDP-nah.
Quelle: Asahi Shimbun, 19. Juli 1993, S. 1.

2. Der Faktionalismus

Leistungsfähige politische Parteien setzen ein Mindestmaß innerparteilicher Integration voraus, wenn die politischen Aufgaben in angemessener Zeit bewältigt werden sollen. Von einer innerparteilichen Integration sind die japanischen Parteien aber weit entfernt. Die größeren Parteien sind in rivalisierende Faktionen gespalten, die über eigene Organisationen verfügen, in der Partei geschlossen operieren und dadurch eine ständige Herausforderung für die Parteiführung darstellen. Die Eigendynamik dieser Faktionen ist eine der Hauptursachen für die häufig wechselnden Kabinette, deren Lebensdauer von der Zusammenarbeit der stärksten liberaldemokratischen Faktionen abhängt. Die japanischen Parteien sind folgerichtig häufig als ›Koalitionen von Faktionen‹ bezeichnet worden.

Die Zerklüftung der größeren Parteien in rivalisierende Faktionen hat mehrere Ursachen, darunter vor allem die traditionelle Gruppenorientierung in der Politik, das geringe Gewicht politisch-ideologischer Faktoren für die politische Willensbildung und nicht zuletzt die desintegrierenden Wirkungen des Wahlsystems der Mehrerwahlkreise. Die Folgen sind ständig fluktuierende Mehrheitsverhältnisse, geringer politischer Zusammenhalt der Kabinette, häufiger Wechsel von Ministern und höhere Wahlkampfkosten. Denn die Kandidaten der größeren Parteien, vor allem aber der LDP, führen den Wahlkampf mehr als Exponenten ihrer jeweiligen Faktion und nicht so sehr ihrer Partei. Sie benötigen folglich eigene Wahlkampforganisationen und eigene Finanzierungsquellen.

Entsprechend aufwendig ist die Wahlkampfführung: Mehrere Milliarden Yen werden von den Sekretären der Abgeordneten an die Wähler verteilt (›Verteilung von [Geschenk-]-Bomben‹, *bakudan kubari*), obwohl Stimmenkauf gesetzlich verboten ist. Aber die gesetzlichen Vorschriften werden auf vielfältige Weise umgangen: beispielsweise durch Auszahlung kleinerer Geldbeträge als ›Fahrgelderstattung‹ (*kuruma dai*) oder ›Telefongebühr‹ (*denwa dai*) und durch den Aufkauf von Wahlbenachrichtigungspostkarten mit dem Ziel, den Stimmenanteil der Mitbewerber aus der gleichen Partei zu verringern. Massiv ist auch die Unterstützung der Kandidaten durch ihre eigene Familie, deren Mitglieder auf Wahlkampfveranstaltungen – gelegentlich tränenreich – um Unterstützung für ihren Vater, Onkel, Neffen bitten. Auch falsche Verwandte treten hierbei nicht selten auf, und die Wahlentscheide werden folgerichtig ›Wahlen des Weinens‹ (*naki no senkyo*) genannt.

Die japanischen Premierminister suchen die innerparteilichen Faktionen in ihren Kabinetten entsprechend ihrer parlamentarischen Stärke einzubinden. So gehörten dem im Dezember 1992 umgebildeten Kabinett von Premierminister *Miyazawa* fünf Mitglieder der früheren *Takeshita*-Faktion, jeweils vier Minister aus den Faktionen *Watanabe*s und *Mitsu-*

zukas, drei aus der eigenen (*Miyazawa*-)Faktion, zwei aus der *Kōno*-Faktion, ein Vertreter der *Katō*-Gruppe und ein Unabhängiger an. Die parlamentarische Stärke der Faktionen im Februar 1993 (Parlament insgesamt) zeigte folgende Verteilung: *Miyazawa* 73, *Mitsuzuka* 74, *Watanabe* 68, *Ōbuchi* 66, *Hata* 43, *Kōmoto* 29 und *Katō* 13.

Die Machtstrukturen innerhalb der LDP werden seit jeher stark durch den Gegensatz zwischen Mehrheits- und Minderheitsfaktionen geprägt. Eine empirische Analyse der Wahlchancen von Kandidaten der Mehrheitsfaktionen gegenüber denjenigen der Minderheitsfaktionen weist für den Untersuchungszeitraum 1950–90 einen deutlichen Startvorteil der Kandidaten der Mehrheitsfaktionen aus.[68] Dieser Vorsprung gilt sowohl für die Abschirmung von Erstbewerbern gegenüber etwaigen Kandidaturen aus anderen Faktionen als auch für die entschiedene Unterstützung erneut kandidierender Abgeordneter. Der wahlstatistische Wert dieses innerparteilichen Konkurrenzvorsprungs ist auf durchschnittlich etwa 10000 Stimmen zu veranschlagen und dürfte damit durchaus wahlentscheidend sein. Da der Parteivorsitzende (und Premierminister) zugleich von Amts wegen Vorsitzender des Wahlstrategieausschusses der Partei ist, verfügt er über ein wirksames Instrument innerparteilicher Disziplinierung und politischer Führung. In den 80er Jahren haben sich die Patronage- und Klientelbeziehungen im Verhältnis zwischen den Faktionsführern und ihren Gefolgsleuten freilich abgeschwächt. Als Folge des innerparteilichen Generationenwechsels sind die Entscheidungsstrukturen insgesamt kollegialer geworden.

3. Probleme der Parteienfinanzierung

Die jährlichen Einnahmen der Parteien weisen nach den Angaben des vom Ministerium für Selbstverwaltung veröffentlichten Berichts aus dem Jahre 1992 für den Zeitraum 1976–91 eine erhebliche Steigerung aus. In dieser Zeitspanne haben sich ihre Jahreseinnahmen von umgerechnet insgesamt ca. 800 Millionen DM auf ca. 2,2 Mrd. DM nahezu verdreifacht.[69] Von diesem Betrag bringen die Parteimitglieder nur etwa ein Zehntel auf, während Parteiorganisation und spezielle Finanzierungsorganisationen die übrigen neun Zehntel beschaffen. Die Kommunistische Partei Japans erzielte bis 1991 den Hauptanteil der Einnahmen, während die LDP und die SDPJ den zweiten und dritten Rangplatz einnehmen. DSP, *Kōmeitō* und Splitterparteien spielen dagegen auch hier nur eine nachgeordnete Rolle. Der Anteil der Mitgliederbeiträge an den Gesamteinnahmen der Parteien ist bei der Kommunistischen Partei Japans mit 4,2%, beim Sozialdemokratischen *Rengō* mit 1,9% und der *Kōmeitō* mit 7,3% besonders niedrig, höher bei der DSP mit 16,8%, der *Shakaitō* mit 27,4% und der LDP mit 28,0%.[70]

Kōmeitō und KPJ beziehen einen Großteil ihrer Einnahmen aus dem Erlös von Veröffentlichungen, die DSP wiederum aus Spenden von Unternehmen und Gewerkschaften. Den fünf größten Faktionen der LDP (*Mitsuzuka*, *Watanabe*, *Kōmoto*, *Miyazawa*, *Takeshita*) floß 1991 ein Spendenvolumen von insgesamt 7,4 Mrd. Yen (etwa 90 Millionen DM) zu. So erhielt jedes Mitglied der *Mitsuzuka*-Faktion im Unterhauswahlkampf 1990 Beträge von 10–20 Millionen Yen.

Eine vom früheren Premierminister Takeo *Miki* unter dem Einfluß des Lockheed-Skandals angestrebte Revision des Gesetzes zur Kontrolle von Parteieinnahmen wurde 1976 vom Parlament verabschiedet. Danach ist die Höchstgrenze für Spenden neu festgelegt worden: Das Gesetz sieht unterschiedliche Höchstwerte für Unternehmen (nach Kapitalsumme), Gewerkschaften (nach Mitgliederzahl) und andere Organisationen (nach Geschäftsangaben) vor. Änderungen des Gesetzes in den Jahren 1980 und 1982 engten den Spielraum für Unternehmensspenden weiter ein. Die Höchstgrenze für Einzelspenden beträgt danach 20 Millionen Yen pro Jahr (etwa 300 000 DM). Ein beliebtes Mittel zur Umgehung dieser Vorschriften sind ›fund raising parties‹, deren Beliebtheit aber nach dem Recruit-Skandal des Jahres 1989 gesunken ist. Es fehlt einstweilen ein Gesetz, das sowohl die interne Ordnung der Parteien wie ihre Finanzierung umfassend regelt.

4. Das ›Eineinhalbparteiensystem‹ im Umbruch

Das japanische Parteiensystem der Nachkriegszeit ist über einen Zeitraum von mehr als vier Jahrzehnten durch eine weitaus höhere Stabilität als die Parteiensysteme der europäischen und amerikanischen Demokratien gekennzeichnet.[71] So betrugen die Fluktuationsraten des liberaldemokratischen Stimmenanteils in den 50er und 60er Jahren 2,4 und in den 70er und 80er Jahren (bis einschließlich 1986) 3,4 Prozentpunkte. In den westlichen Demokratien sind diese Raten um ein mehrfaches höher.

In den 70er Jahren schien sich zunächst ein Trend zu einem Machtgleichgewicht zwischen Regierung und Opposition durchzusetzen. Die Kritik der Oppositionsparteien an der umfassenden Wahlkampfunterstützung der Wirtschaft für die Liberaldemokraten (*kigyō-gurumi senkyo*) hielt freilich an. Die Wahlen erschienen ›vom Geld beherrscht‹ (*kinken senkyo*). Stimmenzuwächse konnten die *Kōmeitō*, die Demokratisch-Sozialistische Partei und der Neuliberale Club verzeichnen, der sich von der LDP abgespalten hatte, während sich das Stimmenpotential der Kommunistischen Partei verringerte.

Demgegenüber verfestigte sich in den 80er Jahren die konservative Vormachtstellung im Parteiensystem, auch wenn die LDP erstmals in der Oberhauswahl 1989 ihre Mehrheit in der zweiten Kammer einbüßte. Durch zahlreiche Skandale wurde die Wählerbasis der Liberaldemokraten geschwächt, während die *Shakaitō* unter dem Vorsitz von *Takako Doi* in der Oberhauswahl 1989 vorübergehend in neue Wählerschichten der Mittelklasse vorstoßen konnte.

Zu Beginn der 90er Jahre kündigte sich eine Rückkehr des japanischen Parteiensystems zu seinem Ausgangspunkt Mitte der 50er Jahre an: zwei, nun wieder stärker miteinander konkurrierende Massenparteien und damit die Chance einer stärker ausbalancierten politischen Machtstruktur. Die neu gebildete Dachorganisation der Gewerkschaften *Rengō* könnte sich dabei als Stütze einer stärkeren Integration der Linksparteien erweisen. Durch das Ergebnis der Unterhauswahl 1990 sind die kleineren Oppositionsparteien ohnehin stärker unter Druck geraten, während die beiden führenden Parteien vor der Herausforderung stehen, eine weniger von Verbandsinteressen abhängige Politik zu entwerfen.

Das Parteiensystem kehrte in der Unterhauswahl 1990 mit einem Stimmenanteil von 46% für die LDP und 24% für die *Shakaitō* zunächst wieder zum ›Normalzustand‹ der vergangenen Jahrzehnte zurück. Dieser Zustand darf jedoch nicht den Blick auf Umschichtungen des Wählerpotentials und auf Veränderungen des Gewichts der sozialen und politischen Bestimmungsfaktoren des Wahlverhaltens verstellen. Zunächst überlagern die Aggregatzahlen tiefgreifende Umschichtungen im Wählerpotential der Parteien. So nahm in den ersten Nachkriegsjahrzehnten der liberaldemokratische Stimmenanteil unter dem Einfluß eines anhaltenden Rückgangs des landwirtschaftlichen Bevölkerungsanteils und des selbständigen Kleingewerbes zugunsten der Zahl der Arbeiter und Angestellten sowie abnehmender Gruppenzwänge im Wahlverhalten stetig ab. Das Reservoir potentieller Wechselwähler nahm entsprechend zu. Dieses Potential läßt sich weniger als in Europa und Amerika mit Faktoren der sozialen Schichtung und des sozialen Status beschreiben und erklären. Nicht Religion, sozialer Status und soziale Schichtung bestimmen in Japan den Wahlentscheid, sondern der soziale Kontext (Wohnumgebung und Arbeitsplatz) und die politischen Wertorientierungen.

Auch zu Beginn der 90er Jahre bot das japanische Parteiengefüge – wie schon in den 50er und 60er Jahren – zunächst das Bild eines ›Eineinhalbparteiensystems‹ (*Scalapino/Masumi*): In den Präfekturparlamenten verfügt die LDP noch immer über starke Mehrheiten. In den Gemeinderäten der Kleinstädte und Dörfer dominieren die ›Unabhängigen‹, die als lokale Gruppen noch am ehesten den Liberaldemokraten nahestehen, und selbst in den Stadträten der Großstädte ist die LDP auch weiterhin die stärkste Kraft.

Zudem hat sich der Anteil der LDP-Anhänger unter den Gewerkschaftsmitgliedern von 10,0% im Jahre 1964 auf 15,6% im Jahre 1986 erhöht hat, während sich in der gleichen Zeitspanne der Anteil der *Shakaitō*-Anhänger von 42,1% auf 6,3% dramatisch verringert hat und derjenige der DSP entsprechend von 4,0% auf 38,0% angestiegen ist.[72] Die wahlsoziologische Ursache dieses Ungleichgewichts: In allen gesellschaftlichen Bereichen, in denen die Wähler die Folgen der Politik unmittelbar wahrnehmen – in der Wirtschafts-, Finanz-, Sozial- und Umweltpolitik –, dominiert die LDP, während die vorrangigen Handlungsfelder der Fundamentalopposition ein geringeres wahlstrategisches Gewicht aufweisen.[73] Andererseits haben zahlreiche Korruptionsskandale, in die führende LDP-Politiker verwickelt waren, das Vertrauen der Wähler in die Glaubwürdigkeit der Regierungspartei schwer beeinträchtigt. Wieweit die Opposition diesen Vertrauensverlust politisch nutzen kann, ist dagegen eine andere Frage.

5. Die eingeschränkte Chance des Machtwechsels

Angesichts des raschen wirtschaftlichen und sozialen Wandels muß die Dauerhaftigkeit der bisherigen liberaldemokratischen Vormachtstellung überraschen. ›Ist es möglich‹, so fragt das Tokyoter ›Forschungsinstitut für Frieden und Sicherheit‹, ›daß sozialer Wandel in Japan im Gegensatz zu anderen Gesellschaften keinen politischen Wandel herbeiführt?‹[74] Ein Grund dafür wird von vielen Beobachtern in der hohen Anpassungsfähigkeit der Regierungspartei an wechselnde innen- und außenpolitische Konstellationen gesehen, ein weiterer und zugleich gewichtiger im Unvermögen der Opposition, sich als regierungsfähige Alternative darzustellen.

Die bisherige Vorrangstellung der Liberaldemokratischen Partei in der Wählerschaft läßt sich auf drei Faktoren zurückführen: wirtschaftspolitische Kompetenz, politische Patronage (Klientelismus) und politisch-konzeptionelle Anpassung.[75]

a) **Wirtschaftspolitische Kompetenz** kann die traditionelle konservative Führungsposition in Anbetracht der offenkundigen wirtschaftlichen Schwierigkeiten, der höheren Kompetenzvermutung zugunsten der LDP und der Risiken eines Regierungswechsels erklären helfen. Gemessen an den rückläufigen wirtschaftlichen Erwartungen der Wählerschaft mußte die wirtschaftspolitische Kompetenz der LDP höher erscheinen als die der Opposition. Zudem war die Bewertung des eigenen Lebensstandards und der persönlichen wirtschaftlichen Aussichten auch in kritischen Phasen stets positiv. Insbesondere solche potentiellen Wechselwähler, die die LDP wieder an sich ziehen konnte, bewerten deren wirtschaftspolitische Kompetenz im Vergleich zu den Oppositionsparteien deutlich höher. Zudem erscheinen wirtschaftliche Probleme den einzelnen Wählergruppen nicht so groß, als daß sie die subjektive Mittelschichtzuordnung von neun Zehnteln der Befragten grundsätzlich hätten in

Frage stellen können: Der Zusammenhang zwischen Wahlverhalten und sozialer Schichtung ist daher schwächer ausgeprägt als in den übrigen Industriestaaten.

b) Die **politische Patronage**, wie sie von der LDP seit jeher gepflegt wird, gilt besonders zwei Bereichen ihrer Stammwählerschaft: Landwirtschaft und Kleingewerbe. Diese Gruppen sahen sich durch die Dynamik des wirtschaftlichen Wachstums und Wettbewerbs besonders gefährdet. Steuerliche Vorteile, staatliche Subventionen, die staatliche Garantie des Reispreises und eine enge personelle Verflechtung zwischen Parteigremien und Landwirtschaftsverbänden sicherten die konservative Vormachtstellung im landwirtschaftlichen Wählerpotential. Durch eine ähnliche Politik gelang es der LDP, auch Kleingewerbetreibende und mittelständische Schichten an sich zu binden. Dieses System der Interessenpatronage blieb bisher intakt, auch wenn sich die Partei des abnehmenden wahlstrategischen Gewichts dieser beiden Gruppen durchaus bewußt ist und sie auf Dauer nicht vor ausländischer Konkurrenz schützen kann.

c) Durch eine **politisch-programmatische Anpassung** an Forderungen der Medien und der Opposition gelang es der LDP, in der Sozialpolitik und in der Umweltpolitik ein neues Profil zu erwerben und das an diesen beiden Themenfeldern interessierte Wählerpotential erneut an sich zu binden. Diese Lehre zog die Partei unter dem Einfluß anhaltender Wahlniederlagen in Präfekturen und Gemeinden. Durch den Ausbau der öffentlichen Gesundheitsfürsorge, der Alterssicherung und des Umweltschutzes (Luftreinhaltung) konnte die LDP bisherige Themenfelder der Opposition besetzen und strategisch relevanten Teilen der Wechselwählerschaft den Eindruck ökologischer und sozialpolitischer Kompetenz vermitteln. Entsprechend wurde der Aktionsradius oppositioneller Kritik eingeengt.

Dazu war die LDP nicht zuletzt wegen der Robustheit des Wirtschaftswachstums einerseits und der wirtschaftspolitischen Fachkompetenz der Ministerialbürokratie andererseits in der Lage. Zeigt somit der Bereich der Wirtschaftspolitik einen dauerhaften Kompetenzvorsprung der LDP, so konnten die Oppositionsparteien dieses Defizit auch in der Außenpolitik keineswegs wettmachen. Im Gegenteil: Noch mehr als in den westlichen Demokratien wurden die Oppositionsparteien nicht nur durch die strategischen Folgen des Kalten Krieges für die Verteidigungspolitik des eigenen Landes und die Erfolgsbilanz einer eher marktwirtschaftlich orientierten Wirtschaftspolitik in die Defensive gedrängt, sondern zudem durch programmatische Konflikte zwischen orthodoxen wirtschaftspolitischen Überzeugungen, den Ansprüchen der Gewerkschaften und einer idealistischen Gesellschaftsperspektive belastet.[76] Die Gewerkschaften wahren starke syndikalistische Traditionen und stehen daher jeder zentralen politischen Autorität ablehnend gegenüber.

Die bisherigen Oppositionsparteien stellen nach dem Eindruck der Wähler wie kritischer Beobachter keine realistische Alternative dar und nehmen die klassischen Funktionen der Opposition (Kritik-, Kontroll- und Alternativfunktion) nur unzulänglich wahr: ›Die LDP kann das System weiter schönen, weil die ‘Opposition’ aus Parteien besteht, die anscheinend glauben, ihre angemessene Stellung auf Dauer sei außerhalb der Regierung. Die zweitgrößte Partei, die SDPJ, macht es der LDP leicht, sich als die einzig regierungsfähige Partei hinzustellen.‹[77] Lediglich die neuen Protestparteien im mittleren politischen Spektrum (Neue Partei Japans, Erneuerungspartei) stellen eine ernsthafte Herausforderung für die Regierungspartei dar.

Unter diesen Bedingungen kommen Innovationen im Parteienwettbewerb nur durch Druck von außen (*gaiatsu*) zustande: durch erfolgreiche Politiker aus der Provinz, die die festgefahrenen Strukturen auf der Grundlage neuer Bürgerkoalitionen in Frage stellen, und durch Parteineugründungen, die auf die unzureichende Bekämpfung der Korruption und ausbleibende Reformen des Wahlsystems hinweisen. Schon in den 70er Jahren haben, wie damalige Erfolge des linksoppositionellen Lagers unterstreichen, die Wähler gezeigt, daß sie bei Überschreiten einer ›Schmerzgrenze‹ heftig reagieren können. Die Oberhauswahlen 1989 sowie Gouverneurs- und Bürgermeisterwahlen im Jahre 1991 haben dieses Reaktionsvermögen erneut unter Beweis gestellt. Die Proteststimmen entfielen hier jedoch häufig nicht auf die Oppositionsparteien, sondern auf oppositionelle Kandidaten der Liberaldemokratischen Partei.

Die größere Flexibilität des politischen Orientierungsvermögens der Wähler ermöglicht eine stärkere Umsetzung inhaltlicher Kritik an der Regierungspolitik, nachdem schon in den 50er Jahren Polizeigesetz und Sicherheitsvertrag eine erste Politisierungswelle ausgelöst hatten. Seit dieser Zeit ist die Bereitschaft zu oppositionellem Wahlverhalten in städtischen Gebieten gewachsen. Allerdings wirken die Unterstützungsvereinigungen nicht nur in ländlichen, sondern durchaus auch in städtischen Gebieten als Mechanismen sozialer und politischer Beharrung. Da diese Vereinigungen von der LDP effektiver als von den Oppositionsparteien genutzt werden, bleibt das Wahlsystem der unübertragbaren Einzelstimmgebung in Mehrerwahlkreisen ein weiterer Machtgarant der konservativen Vormachtstellung. Zum einen kann die LDP ihr Stimmenpotential in größere Mandatsgewinne umsetzen, zum anderen kann sie durch den Wettbewerb ihrer Faktionen um die Mandate der Mehrerwahlkreise die Kritik- und Alternativfunktion der Opposition mitübernehmen. Dies gilt allerdings nur in begrenztem Umfang: Die Absplitterungen von der LDP im Juni 1993 unter dem Eindruck des vorangegangenen erfolgreichen Mißtrauensvotums der Opposition gegen Premierminister Miyazawa haben der Liberaldemokratischen Partei zum ersten Mal in ihrer Geschichte eine Wahlniederlage in der ersten Kammer des Parlaments zugefügt: Nach der Unterhauswahl am 18. Juli 1993, der ein Wahlkampf vorausgegangen war, der durch die Auswirkungen weitreichender Korruptionsskandale und tiefgreifender Vertrauensverluste in die Reformfähigkeit der etablierten Parteien geprägt war, sind die Liberaldemokraten auf 223 von 511 Mandaten zurückgefallen und daher künftig auf Bündnisse mit den neuen Reformparteien der Mitte (insbesondere der Neuen Partei Japans und der *Shintō Sakigake*) angewiesen. Dadurch steigt der Druck auf politische Reformen (Wahlsystem, Parteienfinanzierung), zugleich aber werden die internen Koordinationsprobleme der neuen Koalitionsregierungen – auch im Vergleich zu den bisherigen ›Faktionenkoalitionen‹ – weiter wachsen. Angesichts dieser Bedingungen ist damit zu rechnen, daß die Richtung der japanischen Politik künftig noch mehr von den Ministerien als Garanten politischer Kontinuität bestimmt werden wird. Daher sollte die Zäsur der Unterhauswahl 1993 nicht überschätzt werden. Denn die LDP bleibt die bei weitem stärkste Partei und kann zusammen mit den neuen Reformparteien auch künftig die Politik bestimmen: Die alte liberaldemokratische Mehrheit präsentiert sich in einer neuen, komplizierteren Formation.

VI. Kapitel: Das Verhalten von Wählern und Politikern

1. Die Bedeutung des sozialen Wandels

Die Auswirkungen des sozialen Wandels auf das Wahlverhalten in Japan sind seit langem Angelpunkt einer Diskussion um Wahlchancen und politischen Wettbewerb. Dabei geht es um folgende Fragen: Wie werden sich die Urbanisierung, die Lokkerung der Familienbindungen und die soziale Mobilität auf politische Wertorientierungen und Parteipräferenzen auswirken? Werden die zunehmenden, gegensätzlichen Einflüsse auf die politischen Orientierungen der Wähler und die Lockerung der gruppensoziologisch erklärbaren Bindungen an die Parteien Wechselwahlverhalten erleichtern und damit die demokratische Machtkonkurrenz fördern? Von der Beantwortung dieser Fragen hängt es ab, ob das herkömmliche Ungleichgewicht des Parteiensystems überwunden und eine dauerhafte Chance für Machtwechsel begründet werden kann. Je weniger sich die vielfältigen Sozialzwänge auf das politische Verhalten auswirken und je geringer der Einfluß der traditionellen Meinungsführer auf den Wahlentscheid ist, um so größer werden die Chancen für eine Flexibilisierung des Wahlverhaltens.

Diese Fragen werden von der international vergleichenden Wahlforschung von zwei unterschiedlichen Standpunkten aus betrachtet: Während der herkömmliche, stratifikationstheoretische Ansatz die Grundlagen politischer Loyalität in der gesellschaftlichen Klassen- und Schichtungsstruktur verankert sieht, erklären die sozialpsychologischen Ansätze die Grundeinstellung zu politischen Parteien durch Sozialisation und politische Erfahrung.[78] Dagegen macht der psychologische Ansatz geltend, daß politisches Verhalten nicht so sehr durch objektive Umweltfaktoren, sondern durch die subjektive Wahrnehmung dieser Umwelt zu erklären ist: Politische Einstellungen wirken als Wahrnehmungsfilter sozialer Strukturen.

In den westlichen Demokratien sind unterschiedliche Parteipräferenzen von der empirischen Wahlforschung auf vier sozialstrukturelle Determinanten zurückgeführt worden: regionale und kulturelle Konflikte, religiöse Gegensätze, Interessenkonflikte zwischen Landwirtschaft und Industrie sowie Klassengegensätze.[79] Seit jeher haben die ersten beiden Faktorengruppen Wahlverhalten in Japan kaum geprägt. Im Gegenteil: Oft genug war die hohe kulturelle und religiöse Homogenität ein Herrschaftsinstrument der politischen Führungsschicht. Die Differenzen zwischen sozialen Klassen bzw. sozialen Schichten wirkten sich bereits in der Vorkriegszeit weniger stark auf die Parteibindungen von Wählern aus als in Europa und Amerika. Auch in der Nachkriegszeit erwiesen sich zunächst nicht Klassengegensätze oder die Orientierung an ›kapitalistischen‹ oder ›sozialistischen‹ Ordnungsvorstellungen als Bestimmungsgründe der Wahlentscheidung, sondern traditionelle Wertorientierungen und unterschiedliche Einstellungen zur gesellschaftlichen Modernisierung: Lebensalter und Bildungsgrad waren wichtiger als soziale Schicht bzw. soziale Klasse.

In den 60er Jahren führte der wirtschaftliche und soziale Wandel, insbesondere die abnehmende Zahl der landwirtschaftlichen Erwerbstätigen, einen Rückgang des liberaldemokratischen und sozialistischen Stimmenanteils herbei. Die Sozialisten konnten den Anstieg der Zahl der Angestellten um 10 Millionen aber nicht nutzen, da die Liberaldemokraten einer direkten, programmatischen Konfrontation auswichen, sich auf wirtschaftspolitische Fragen konzentrierten und damit eine Status-quo-Orientierung der gesamten politischen Diskussion begünstigten. Mit zunehmendem Bildungsgrad wuchsen indessen die Bereitschaft zum Wechselwahlverhalten, die Distanz zu den großen Parteien und schließlich auch die Erfolgschancen von Splitterparteien und vor allem ›Unabhängigen‹.

Der politische Wettbewerb wird entscheidend durch die Fähigkeit der Parteien zur erfolgreichen Aktivierung von Wählerschichten geprägt. Zur Erklärung dieser Mobilisierungschancen bieten sich zwei Erklärungsmuster an: der Patronageansatz und der Mobilisierungsansatz.[80]

Der Patronageansatz führt die Wahlchancen der Kandidaten auf ein enges Geflecht von Austauschbeziehungen und Gefälligkeiten zwischen Wahlbewerbern und Wahlberechtigten zurück: als politisches Geben und Nehmen. Eine andere Perspektive vertritt der Mobilisierungsansatz: Die politischen Erfolgschancen der Bewerber hängen in erster Linie von der organisatorischen Unterstützung durch Gruppen während des

Wahlkampfes ab und damit von lokalen Unterstützungsvereinigungen für einen Kandidaten und dessen Image.[81] Empirische Tests dieser Modelle anhand der Unterhaus- und Oberhauswahlen 1983 haben gezeigt, daß der Patronageansatz eine geringere Erklärungskraft besitzt als der Mobilisierungsansatz. Am ehesten vermag der Patronageansatz noch das Wahlverhalten in ländlichen Gegenden zu erklären.

Kern des Mobilisierungsansatzes ist der politische Mobilisierungseffekt der Unterstützungsvereinigungen (*kōenkai*), die ganz auf die einzelnen Wahlbewerber zugeschnitten sind. Wenn sie auch in größerem Umfang den liberaldemokratischen Kandidaten zugute kommen, so sind sie doch auch – teilweise durch Unterstützung der Gewerkschaften – zu einem Wahlkampfinstrument der Oppositionsparteien geworden. Nach Meinungsumfragen der *Akarui Senkyo Suishin Kyōkai* (Gesellschaft zur Förderung transparenter Wahlen) werden fast 30% der japanischen Wählerinnen und Wähler direkt oder indirekt (über Familienmitglieder) von den Unterstützungsvereinigungen erfaßt – unbeschadet einer später abweichenden Stimmabgabe: Nach den Angaben der Befragten verweigerte jedoch jedes vierte *Kōenkai*-Mitglied ›seinem‹ Kandidaten die Stimme. Unterstützungsvereinigungen finden in den seßhaften Mittelschichten besonders starken Rückhalt und sind zu dauerhaften Organisationen geworden.

In der Nachwahluntersuchung zur Oberhauswahl 1992 haben 13,5% der Befragten angegeben, sich einer Unterstützungsvereinigung als Mitglied angeschlossen zu haben, und dafür ›Bindungen und Verpflichtungen‹ (45,3%), geschäftliche und berufliche Verbindungen (27,0%) und den persönlichen Eindruck des Kandidaten (26,4%) als Gründe angeführt. Entsprechend entschließen sich von allen Berufsgruppen am häufigsten Landwirte, Fischer, selbständige Gewerbetreibende und Manager zum Eintritt.[82] Die Loyalitätsnetze der *kōenkai* werden gelegentlich vom Vater auf den Sohn übertragen und so zu Instrumenten des politischen Nepotismus: Der politische Respekt vor dem Vater kommt der politischen Laufbahn des Sohnes zugute. In ähnlicher Weise gelingt es früheren Abgeordnetenassistenten, das Kommunikationsnetz ihres Abgeordneten und seiner Faktion für den Aufbau der eigenen parlamentarischen Karriere zu nutzen.

Bei allen Unterschieden zwischen städtischen und ländlichen Wahlgebieten sind lokale Netzwerke in der Stadt ebenso wirksam wie auf dem Land – auch wenn es sich um unterschiedliche Gruppenbindungen handelt. Im Gegensatz zu den Annahmen der Modernisierungstheorie bedeutet sozialer Wandel in Japan nicht Auflösung, sondern Veränderung von sozialen Netzwerken bei gleichbleibend großem Gewicht von Gruppenloyalitäten. In diese sind Personen unterschiedlicher Bildungsgrade mit ähnlicher Intensität eingebunden. Den sozialen Konfliktlinien, die in Europa politische Loyalitäten über Generationen geformt haben, entsprechen in Japan die Bindungen der Wähler an soziale Netze nachbarschaftlicher, beruflicher und sonstiger Art sowie eine durchgängige Konfliktlinie zwischen eher ›traditionellen‹ und eher ›modernen‹ Wertvorstellungen. Diese sozialen Einflüsse überlagern insbesondere die Wirkungen der Familie als erster Instanz politischer Sozialisation. Im Unterschied zu Europa folgen die sozialen Konfliktlinien aber nicht ethnischen, religiösen oder klassen- und schichtspezifischen Maßstäben, sondern den Mustern, die sich aus Überschneidungen sozialer, ökonomischer und kultureller Netzwerke ergeben. In diesem Rahmen wird die Wählerschaft empfänglicher für neue politische Themen.

Da sich somit Erklärungsansätze der politischen Soziologie, die das japanische Wahlverhalten auf Faktoren sozialer Schichtung oder sozialer Klassen zurückführen, als unzureichend erwiesen haben, müssen kulturelle Faktoren herangezogen werden.[83] Hierzu trägt auch die im internationalen Vergleich schwache Intensität der Identifikation mit Parteien bei. Hilfreich ist der Rückgriff auf soziale Netzwerke (*jiban*) als lokale Schwerpunkte der Wähleransprache. Wegen der geringen Prägekraft ideologisch fundierter sozialer Gruppenbindungen und nur schwach ausgeprägter Parteiidentifikation haben Ansätze Verbreitung gefunden, die sozialstrukturelle Faktoren (Beruf, Bildung) und sozialpsychologische Faktoren (Parteipräferenz, Parteiimage, persönliche Wertorientierungen) miteinander verbinden. Daneben sind das soziale Umfeld und lokale Kommunikationsnetze von Bedeutung. Grenzwähler bzw. potentielle Wechselwähler sind besonders häufig in den Überschneidungszonen dieser Netzwerke zu finden, während klare Verankerungen in stabilen Netzwerken auch stabile Parteipräferenzen bedingen. Diese Betrachtung ist aber nur sinnvoll, wenn zwei weitere Bestimmungsgründe mitberücksichtigt werden: zum einen die makroökonomischen Bedingungen (Beschäftigungsgrad, Inflation etc.) sowie ihre persönliche Wahrnehmung und Bewertung und zum anderen die institutionellen Bedingungen. Unter diesen sind vor allem die Auswirkungen des geltenden Wahlsystems hervorzuheben.

2. Der Einfluß des Wahlsystems

Das Wahlsystem beeinflußt die Entwicklung des Parteiensystems in mehrfacher Hinsicht: durch die regionalen Unterschiede der Wahlkreisgröße und durch die Auswirkungen der Mehrerwahlkreise auf den Zusammenhalt der größeren Parteien. Beide Wirkungszusammenhänge sind von der Reformdiskussion, die Anfang der 90er Jahre unter dem Einfluß mehrerer Korruptionskandale erneut eingesetzt hat, aufgegriffen und zu Reformvorschlägen verdichtet worden.

Nachdem der Oberste Gerichtshof die Wahlkreiseinteilung im Frühjahr 1986 für verfassungswidrig erklärt hatte, wurde noch im gleichen Jahr eine Änderung des Wahlsystems verabschiedet: der Neuzuschnitt der Grenzen von 15 Unterhauswahlkreisen. Bereits drei Jahre zuvor war das Verhältniswahlrecht in den Oberhauswahlen für die Hälfte aller Mandate eingeführt worden. Die zweite Reform hat die Abgeordneten bei der Kandidatenaufstellung für die Oberhauswahlen im Hinblick auf eine aussichtsreiche Listenplazierung stärker von der Zustimmung der Parteiorganisation und der Parteimitglieder abhängig gemacht und damit den Einfluß der Parteiorganisationen auf die Mandatsvergabe im Rahmen des Reichswahlkreises gestärkt. Entsprechend wurde die ›Größenprämie‹ der LDP reduziert, die 1986 in den Oberhauswahlen bei einem Stimmenanteil von 39% 44% der Listenmandate des Reichswahlkreises erhielt, in den Präfekturwahlkreisen dagegen bei einem Stimmenanteil von 45% 67% der Mandate. In der Unterhauswahl des gleichen Jahres erzielte die Regierungspartei 49% der Stimmen und damit 59% der Mandate.

Nach einer Untersuchung des Ministeriums für Selbstverwaltung (*Jichishō*) hat die Spannweite zwischen den Bevölkerungszahlen der Wahlkreise die vom Obersten Gerichtshof im Jahre 1983 vorgegebene Höchstgrenze von 200% im Jahre 1991 in sechs Unterhauswahlkreisen überschritten: Die Zahl der Wahlberechtigten war beispielsweise im Unterhauswahlkreis *Kanagawa* Nr. 4 um 3,34 mal höher als im kleinsten Wahlkreis (*Tokyo* Nr. 8). Noch größer waren die Diskrepanzen zwischen den Wählerzahlen der Oberhauswahlkreise: Hier wies der stimmenstärkste Wahlbezirk (Präfektur *Kanagawa*) nahezu fünfmal so viele Wahlberechtigte auf wie der bevölkerungsschwächste Wahlbezirk. Die Reform dieser Verzerrungen, die die Chancengleichheit der Wählerstimmen schwerwiegend beeinträchtigen, wurde allerdings durch die höchstrichterliche Rechtsprechung nicht gerade erleichtert. In einem Urteil aus dem Jahre 1985 hat der Oberste Gerichtshof eine Abweichung von 199% zwischen dem bevölkerungsschwächsten und dem bevölkerungstärksten Wahlkreis als größtmögliche Abweichung für zulässig erklärt. Die örtlichen Gerichte haben dagegen unterschiedliche und sich teilweise widersprechende Urteile in dieser Frage gefällt. Damit ist der Druck des Obersten Gerichts auf den Gesetzgeber relativ gering.

Im Jahr 1992 war der Wert einer Wählerstimme in den bevölkerungsschwächsten Wahlkreisen 3,38 mal so hoch wie in den bevölkerungsstärksten Wahlkreisen. Dieser Rangunterschied der Stimmenwertigkeit ist deutlich größer als in anderen Demokratien: In den USA sind die Abweichungen von den gesetzlich vorgegebenen Richtwerten geringfügig, in Deutschland durch das Bundeswahlgesetz auf eine höchstzulässige Schwankungsbreite von 25% nach oben und unten begrenzt (maximaler Rangunterschied 1,7); für Großbritannien gilt ebenfalls eine maximale Abweichung von 25%, und der dortige Rangunterschied der Wahlkreise beträgt weniger als 1,5. Die japanische Regierung hat daher die Wahlkreise im Jahre 1992 so zugeschnitten, daß sich der maximale Rangunterschied zwischen größten und kleinsten Wahlkreisen innerhalb der nächsten zehn Jahre auf 2,0 verringert und die höchste Diskrepanz kurzfristig dadurch abgebaut, daß der Rangunterschied von 3,38 zunächst auf 2,77 reduziert wurde.[84] Am 2. Dezember 1992 hat das Unterhaus eine Anpassung der Mandate an die Bevölkerungsentwicklung durchgeführt und die Zahl der Sitze in zehn überwiegend ländlichen Wahlkreisen verringert sowie in neun überwiegend städtischen Wahlkreisen erhöht. Neben der Wahlkreisgeographie ist das Wahlsystem selbst in den letzten Jahrzehnten immer kontrovers erörtert worden.

Unter dem Vorsitz des Vorstandsvorsitzenden des Zeitungsverlages der *Yomiuri Shimbun*, *Yosōji Kobayashi*, hat der von der Regierung eingesetzte 8. Wahlsystemausschuß am 26. April 1990 seine Empfehlungen vorgelegt. Diese sehen die Einführung eines Wahlsystems vor, das auf einer Kombination von Mehrheits- und Verhältniswahlelementen beruht und in den 50er Jahren in Deutschland unter der Bezeichnung ›Grabenwahlrecht‹ erörtert worden ist. Kern dieses Modells ist die strikte Trennung der Mehrheits- und der Verhältniswahlkomponente. Entspechend sollen nach dem Vorschlag der Kommission 301 (d.h. 60% der Mandate) ausschließlich in Einerwahlkreisen nach den Grundsätzen der relativen Mehrheitswahl und 200 Mandate (40%) nach den Grundsätzen des Verhältniswahlrechts in elf Wahlbezirken vergeben werden. Die Zahl der Wahlberechtigten pro Wahlkreis soll von einem vorgegebenen Mittelwert (ca. 400.000) nach oben und unten um nicht mehr als jeweils ein Drittel abweichen dürfen. Als Auszählverfahren für die Verhältniswahl in den elf Bezirken wird das Höchstzahlverfahren d'Hondt vorgeschlagen. Den Parteien wird dadurch bei der Parteienfinanzierung, der Kandidatenaufstellung und der politischen Meinungsbildung eine insgesamt stärkere Rolle zugewiesen als bisher.

Bei der Opposition und den Massenmedien hat dieses Konzept jedoch eine sehr kritische Resonanz gefunden. Die Opposition bemängelt – unter den gegebenen Bedingungen – eine erhebliche Bevorteilung der Liberaldemokratischen Partei und eine weitere Beeinträchtigung der Chancengleichheit der Parteien zu Lasten der Opposition. Diese Kritik ist insofern berechtigt, als das vorgeschlagene ›Grabenwahlsystem‹ nach Umrechnungen des Unterhauswahlergebnisses von 1990 die parlamentarische Mehrheit der Liberaldemokraten noch weiter ausbauen würde – von derzeit 58% auf 75% der Unterhaussitze. Sie wird ferner durch den von der Regierung geplanten Zuschnitt der Wahlkreise untermauert, der mehr den strategischen Interessen der LDP als den Forderungen des Wahlsystemausschusses verpflichtet ist[85]: So überschreitet die Bevölkerungszahl in 27 der vorgeschlagenen 300 Einerwahlkreise die von der Kommission gesetzten Grenzen bereits jetzt, d.h., die Bevölkerungszahl dieser großstädtischen Wahlkreise ist schon gegenwärtig mehr als doppelt so groß wie die der kleinen, ländlichen Wahlkreise.[86] Erschwerend kommt hinzu, daß auch in Zukunft mit Bevölkerungswanderungen aus den ländlichen in die städtischen Regionen und daher mit einer Verstärkung regionaler Vergleichgewichte zu rechnen ist.

Umrechnungen des Vorschlags des Wahlsystemausschusses auf die Oberhauswahlen auf der Grundlage des Unterhauswahlergebnisses 1990 zeigen zudem, daß die LDP auch in der 2. Kammer 75% der Mandate erhalten würde, und zwar nahezu alle Mandate in den vorgesehenen 300 Einerwahlkreisen und etwa die Hälfte der nach Verhältniswahlrecht vergebenen 171 Mandate.[87] Allerdings würde auch die *Shakaitō* unter den Bedingungen dieses Wahlsystems mehr Mandate erhalten als derzeit; denn als wählerstärkste Oppositionspartei hat sie am ehesten eine Erfolgschance gegenüber den dominierenden LDP-Bewerbern. Demgegenüber müßten die kleineren Parteien erhebliche Mandatsverluste hinnehmen: Die *Minshatō* würde alle 14 Mandate einbüßen, geriete dadurch aber zugleich unter einem stärkeren Druck zum Zusammenschluß mit der *Shakaitō*. Die Gouverneurswahlen in der Präfektur *Yamagata* im Februar 1993 haben andererseits gezeigt, daß die Oppositionsparteien auch in Einerwahlkreisen eine echte Chance des Mandatsgewinns besitzen – sofern sie zusammenarbeiten.[88] In *Yamagata* hat sich ein unabhängiger Kandidat, Kazuo *Takahashi*, mit Unterstützung der *Shakaitō* und der Neuen Partei Japans gegen den innerparteilich nicht geschlossen unterstützten LDP-Bewerber *Tsuchida* durchgesetzt.

Die vom Wahlsystemausschuß vorgeschlagenen Maßnahmen zur Bekämpfung der politischen Korruption[89] sind dagegen eher milde. Immerhin enthalten sie ein äußerst wirksames Sanktionsmittel: die Androhung des Mandatsverlustes bei korrupten Praktiken von Familienmitgliedern und Wahlhelfern.

3. Wert- und Normenorientierung

Hatten lokale Kommunikationsnetze in den ersten Nachkriegsjahrzehnten noch (langfristig) als Instanzen politischer Sozialisation und (kurzfristig) als entscheidende Antriebskräfte politischer Mobilisierung in Wahlkämpfen gelten können, so lassen sich Wähler inzwischen weniger von derartigen Loyalitäten zu Gruppen und Bewerbern leiten. Unter dem Einfluß der Auflösung überkommener Nachbarschaftsgrenzen, wachsender beruflicher Mobilität, höherer Ausbildung und einer starken Präsenz der Massenmedien schwächen sich traditionelle Gruppenbindungen ab, der politische Orientierungsspielraum wird größer und das Wahlverhalten flexibler. Die Gruppenbedingungen werden dadurch keineswegs bedeutungslos, verlieren aber an ausschlaggebendem politischem Gewicht.

Im übrigen ist die Abschwächung des Zusammenhangs zwischen sozialer Schichtung, Sozialstruktur und politischem Verhalten unter dem Einfluß wirtschaftlicher und gesellschaftlicher Mobilisierung in allen Demokratien der Gegenwart zu beobachten und schlägt sich in zwei Merkmalen des sozialen und politischen Verhaltens nieder: dem geringeren Einfluß sozialer Gruppen auf das politische Verhalten und der größeren Bedeutung des Parteiimages für das Wahlverhalten. War in Japan die Kandidatenorientierung des Wählers zunächst ausschlaggebend, so hat das Gewicht der Parteiorientierung in den letzten Jahrzehnten stetig zugenommen.

In den ersten Nachkriegsjahrzehnten wuchs die Zufriedenheit mit den eigenen Lebensbedingungen in allen Alters- und Berufsschichten, bei Anhängern der Regierung wie der Opposition. Diese allgemeine Zufriedenheit überlagerte die Diskussion um einzelne wirtschaftspolitische Streitfragen. Der ›Mittelschichtkonservativismus‹, nicht mit dem Ende aller Ideologien gleichzusetzen, fand hierin eine wesentliche Stütze. Dieses Orientierungsmuster hat sich trotz partieller Veränderungen der gesellschaftlichen Werthierarchien bis heute erhalten und stellt eine wesentliche Grundlage politischer Stabilität dar.

Wie haben sich nun ›Mittelschichtkonservativismus‹ einerseits und Wertewandel andererseits auf die politischen Startchancen von Regierung und Opposition ausgewirkt? Hier zeigt sich ein größeres strategisches Anpassungsvermögen der Regierungspartei. So kam die LDP der Opposition in den 70er Jahren in ökologischen und sozialpolitischen Fragen zwar entgegen, konnte deren Kritik aber gerade dadurch teilweise neutralisieren und die eigenen Vorstellungen umso wirksamer absichern.[90] Diese Kurskorrektur hatte somit eine zweifache Wirkung: Demonstration der eigenen Lernfähigkeit gegenüber der Wählerschaft und Sicherung der eigenen Vormachtstellung.

Wie wirkt sich der Wertewandel auf politisches Interesse und politisches Bewußtsein aus? An Unterhaus- und Oberhauswahlen zeigt sich etwa die Hälfte der Befragten ›mehr oder weniger‹ interessiert, während jeweils ein Viertel starkes oder nur geringes Interesse an Wahlkampfaktivitäten und Wahlergebnis bekunden.[91] Daß die Bewertung der Politik und ihrer Ergebnisse vorrangig von der Einschätzung der eigenen Lebenssituation geprägt wird, ist eine Grunderkenntnis der Wahlforschung. Die Wahlstudien zu den Oberhaus- und Unterhauswahlen von 1972 bis 1992 bestätigen diesen Trend: Wer mit dem eigenen Leben zufrieden ist, zeigt sich tendenziell – wenn auch in deutlich geringerer Intensität – mit dem Ergebnis der Politik zufrieden.

Die Frauen stellen nicht nur die Mehrheit der Wahlberechtigten (46,5 Millionen Frauen gegenüber 43,8 Millionen Männern bei der Unterhauswahl 1989); auch die Wahlbeteiligung der Frauen ist stets deutlich höher als die der Männer (74,5% weibliche und 71,9% männliche Beteiligung in der Unterhauswahl 1989). Dies gilt für die Unterhaus- und Oberhauswahlen ebenso wie für die Präfektur-und Kommunalwahlen.[92] Die Wahlstudien haben 38% gut informierte, loyale Parteianhänger, 15% uninformierte Parteianhänger, 25% gut informierte, Parteien distanziert gegenüberstehende und 22% uninformierte, distanzierte Wähler ausgewiesen. Auch wenn somit nur eine Minderheit eine positive, affektive Bindung an eine Partei aufweist, so haben doch neun Zehntel der Wähler ein klares Bild von den Parteien. Auch ohne positive, affektive Bindungen spielen Parteiimages eine maßgebliche Rolle für den Wahlentscheid. Demgegenüber besitzen einzelne politische Streitfragen ein geringeres wahlentscheidendes Gewicht als in den USA und auch in Europa. Anders als in den Vereinigten Staaten, aber ähnlich wie in Europa, prägen Parteipräferenzen in großem Umfang den Wahlentscheid.

4. Parteiidentifikation, Kandidaten- und Themenorientierung

Eine wahlentscheidende Rolle spielen die Unterstützungsvereinigungen (*kōenkai*), die in den Mittelschichten eine starke Verbreitung gefunden haben und in einem engen Kontakt mit Nachbarschaftsvereinen, Bürgerinitiativen und anderen lokalen Organisationen stehen. In ihnen dominieren diejenigen Bürger, die schon lange an einem Ort wohnen. Weitgehend unabhängig von der beruflichen Stellung bildet deren Verankerung in örtlichen Kommunikationsnetzen eine entscheidende Voraussetzung der politischen Mobilisierung. Gleichwohl sollte die wahlstrategische Bedeutung der *kōenkai* auch nicht überschätzt werden. In den 70er und 80er Jahren haben sich die Parteibindung des Kandidaten und die Parteiidentifikation der Wähler als gewichtigere Bestimmungsgründe des Wahlentscheids herauskristallisiert. Die Parteibindung von Wählern und Kandidaten ist inzwischen einflußreicher als die politische Ausstrahlung lokaler Netzwerke geworden.

Auf dem Links-Rechts-Kontinuum weisen die politisch-ideologischen Orientierungen der Wähler (konservativ versus progressiv) die Form einer Normalverteilung auf. 85% der Befragten ordnen ihren eigenen politischen Standort und 70% den der Parteien auf dieser Skala ein. Damit ist die politisch-ideologische Orientierung der japanischen Wähler stärker ausgeprägt als etwa die der amerikanischen. Selbst bei unterschiedlichen Wahlergebnissen bleibt die ideologische Grundorientierung der Wähler konstant. Nahezu die Hälfte (44,5%) ordnet sich der politischen Mitte zu, während sich 39,2% eher als konservativ und 16,4% eher als fortschrittlich verstehen.[93] Die Mitte ist dabei in allen Altersklassen, Regionen und Berufsgruppen am stärksten besetzt; nur die Inhaber von Managementpositionen bezeichnen sich überwiegend als konservativ.

Der politisch-ideologischen Verteilung entspricht die Verteilung der Parteipräferenzen. 88% der ›konservativen‹ und 69% der ›eher konservativen‹ Wähler neigen zur LDP, die ›eher fortschrittlichen‹ mit 50% und die ›fortschrittlichen‹ mit 41% zur *Shakaitō*, während die Wähler der Mitte zu 34% die LDP, zu 21% die SDPJ und zu 17% die *Kōmeitō* bevorzugen. Doch ist die Parteiidentifikation weniger stabil als insbesondere in den

USA, Kanada und Großbritannien. Besonders unter den Jungwählern ist dabei der Anteil der Wechselwähler, der sporadischen Parteianhänger und der sporadischen ›Nichtanhänger‹ – auch im internationalen Vergleich – überdurchschnittlich hoch. Zwischen dieser grundsätzlichen politischen Orientierung und dem aktuellen Meinungsbild besteht vorwiegend in zwei Fragenbereichen ein enger Zusammenhang: in den Fragen der Sicherheitspolitik und denen der politisch-gesellschaftlichen Chancengleichheit.

Eine Faktorenanalyse der Wahlkampfaussagen der Parteien vor den Unterhauswahlen von 1960 bis 1980[94] hat ergeben, daß sich alle Parteien in diesem Zeitraum auf dem Links-Rechts-Kontinuum nach rechts bewegt haben. Die ideologische und programmatische Distanz zwischen den Parteien scheint sich, insgesamt gesehen, gegenüber den Nachkriegsjahren somit verringert zu haben. Dieser Wandel kommt auch darin zum Ausdruck, daß sich seit den 70er Jahren alle Parteien zu einem wohlfahrtsstaatlichen Kurs bekennen und die frühere Polarität von Wachstums- und Wohlfahrtsorientierung in den Wahlkampfaussagen an Bedeutung eingebüßt hat. Unterschiedlicher sind jedoch die Aussagen der Parteien in Einzelfragen der auswärtigen Beziehungen und der Menschenrechte. Mehr Übereinstimmung bestand demgegenüber in Fragen der Wirtschafts- und Sozialpolitik sowie der Lebensqualität.

Wirtschaftspolitische Themen spielen nicht nur in der Wahlkampfführung eine zentrale Rolle, sondern prägen auch die Wählererwartungen. Betrachtet man die vom vierteljährlichen Konjunkturbarometer erhobene Beurteilung wirtschaftlicher Entwicklungschancen durch die japanischen Industrieunternehmen als Indikator des vorherrschenden wirtschaftlichen Optimismus bzw. Pessimismus, so zeigen die Wahlergebnisse der Oberhauswahlen von 1965 bis 1992 eine durchgängige Entsprechung des Grades des wirtschaftlichen Optimismus bzw. Pessimismus mit dem Stimmenanteil der LDP in der Oberhauswahl. Abweichungen ergeben sich allerdings in den Oberhauswahlen 1989 und 1992: Hier haben andere Themen wie Bestechungsskandale, die Einführung der Verbrauchssteuer und die Diskussion um Japans Beteiligung an Friedensmissionen der Vereinten Nationen die konjunkturpolitischen Themen überlagert.

Untersuchungen von Takashi *Inoguchi* haben dementsprechend auch für die 70er und 80er Jahre einen engen Zusammenhang zwischen wirtschaftlichen Einstellungen und politischem Verhalten bestätigt. So besteht eine enge Beziehung zwischen dem Wahlverhalten und der Einschätzung der Entwicklung des Lebensstandards im Vergleich zum Vorjahr: Wer mit dieser Entwicklung zufrieden ist, wählt LDP. Hierbei ist die tatsächliche Entwicklung des Lebensstandards der Familie in der Vergangenheit wichtiger als die Einschätzung der künftigen wirtschaftlichen Entwicklung. Wenn jedoch tatsächlich erhebliche Verbesserungen der wirtschaftlichen Lage erwartet werden, drängt diese optimistische Vorausschau den kritischen Rückblick in den Hintergrund. Während die LDP-Anhänger mehr als der Durchschnitt außen- und verteidigungspolitische Themen betonen, legen die Anhänger der Oppositonsparteien größeren Wert auf den Ausbau der sozioökonomischen Infrastruktur. Beide Lager stimmen aber im Gewicht außenwirtschaftspolitischer und technologiepolitischer Fragen überein.

Seit den 70er Jahren zeigen sich etwa zwei Drittel der Wähler bei Repräsentativumfragen mit ihren Lebensverhältnissen eher zufrieden; aber nur etwa ein Viertel der Befragten äußert sich im großen und ganzen zufrieden mit der Politik. Diese Schere hat sich zu Beginn der 90er Jahre gegenüber den beiden früheren Jahrzehnten noch weiter geöffnet: In der Nachwahluntersuchung zur Oberhauswahl 1992 gaben zwar 63% ihre grundsätzliche Zufriedenheit mit den Lebensverhältnissen, aber nur 18% mit der Politik zu erkennen. Bemerkenswert ist dabei, daß auch eine knappe Mehrheit der Anhänger der Regierungspartei zu 43% mit der Politik unzufrieden ist. Als Maßstäbe der Wahlentscheidung werden die Sicherung des Wohlstandes (46%), Konjunktur und Preisentwicklung (37%), Steuerfragen (27%), Umweltschutz (23%), Verteidigung (23%) und politische Moral (18%) genannt. Der Vorrang dieser Themengebiete ist seit mehreren Jahrzehnten, von geringen Schwankungen aus aktuellen Anlässen abgesehen, relativ konstant.

Das Wechselspiel von Konjunktur und Wahlen ergibt einen Zyklus, der sich in der zeitlichen Plazierung der Wahlen und deren Ausgangsbedingungen niederschlägt.[95] Während die Wahltermine der Oberhauswahlen festliegen, haben die Premierminister die Wahltermine der Unterhauswahlen durch ihr

Recht zur Parlamentsauflösung im allgemeinen so gesetzt, daß diese Wahlen im dritten Viertel des Haushaltsjahres (d.h. von Oktober bis Dezember) stattfinden. Betrachtet man die Rahmenbedingungen der Wahlen in diesem Zeitabschnitt etwas genauer, kann man feststellen, daß die Rate wirtschaftlichen Wachstums in diesen Monaten stets höher gewesen ist als in den vorausgegangenen Abschnitten des gleichen Jahres. Zugleich waren die Konsumgüterpreise und die Arbeitslosenquote in der Regel niedriger als in den Vormonaten, und die Zuwachsrate des persönlichen Einkommens war höher als in den anderen Zeiträumen des gleichen Jahres sowie im Vergleichszeitraum des Vorjahres. Mit anderen Worten: Die wirtschaftlichen Rahmenbedingungen begünstigen die Regierungspartei.

Da die Stellung der Bürokratie stark ist und die von Wahlen ausgehenden Wirkungen auf die Entscheidungsträger schwach sind, gleicht die Politik dem ›Wellenreiten auf den Wogen der Wirtschaft‹: Mit Blick auf die sich verändernden wirtschaftlichen Indikatoren, die sie selbst nicht steuern kann, steigert die Regierung ihre Wahlchancen durch eine für sie günstige Festlegung des Wahltermins. Zudem verfügt sie seit den 70er Jahren über gute Kontakte zur DSP und *Kōmeitō*, auf die sie als potentielle Koalitionspartner im Rahmen einer ›partiellen Koalition‹ durchaus zurückgreifen kann. Mehr noch als von den Konjunkturdaten hängen die Erfolgschancen der Regierungspartei von der Stabilität der Regierung und der parlamentarischen Stärke der LDP ab. Günstige wirtschaftliche Bedingungen und den Eindruck eines Mindestmaßes an Kabinettsstabilität vorausgesetzt, festigt die Regierung so ihre eigene Position.

Unter dem Einfluß des hohen wirtschaftlichen Wachstums bildeten sich zahlreiche neue Interessengruppen als Anwälte der neuen Mittelschichten. Einerseits wurde dadurch der Lobbyismus in Parlament und Regierung erheblich verstärkt, zum anderen wurden die Interessen einer großen Zahl von Mitgliedern der Mittelschicht sozial und politisch integriert.[96] Diese Schicht aber hat sich dem Zugriff der sozialistischen Opposition weitgehend entzogen. Während die Regierungspartei Japans das Sicherheitsbündnis mit den Vereinigten Staaten vertrat, beschränkte sich die Opposition auf einen ›abstrakten Idealismus‹ (*Satō*) und konnte der Politik wirtschaftlichen Wachstums der LDP wenig entgegensetzen. Diese nutzte ihren Kontakt zu den alten und neuen Interessengruppen dazu, mit deren Hilfe leistungsfähige Wahlkampforganisationen aufzubauen und sich dadurch der Bevölkerung als Mittler zwischen Wählerinteressen und Regierungsbürokratie zu empfehlen. So gelang es der LDP, nicht nur einen leistungsstarken Parteiapparat aufzubauen, sondern auch Interessengruppen und Wählergemeinschaften politisch zu instrumentalisieren. Das hohe wirtschaftliche Wachstum löste Wanderungsbewegungen vom Land in die Städte aus und schuf dadurch ein städtisches Wählerpotential, das sich dem Zugriff der etablierten Verbände und Wahlkampforganisationen zunächst entzog. Dies galt für die LDP ebenso wie für die *Shakaitō*. In vielen Städten zeigten sich die *Kōmeitō* und die Kommunistische Partei Japans noch am ehesten imstande, diese neuen städtischen Wählerschichten anzusprechen, wie die Wahlergebnisse der 70er Jahre unterstreichen.

Bemerkenswert ist dabei, daß sich die Schere zwischen der Beurteilung der eigenen Lebenssituation und der der Politik zunächst in den 70er und 80er Jahren weit geöffnet hat und damit auf ein erhebliches Potential von Protestwählern hinweist. Inwieweit dieses Potential aber von den Oppositionsparteien tatsächlich erreicht wird, steht auf einem anderen Blatt. Parallel zur Beurteilung der Politik und der eigenen Lebenssituation entwickelte sich von 1972 bis 1986 die Ausprägung eines eher ›konservativen‹ und eines eher ›reformistischen‹ politischen Bewußtseins: In dieser Zeitspanne stieg der Anteil derjenigen, die sich als eher ›konservativ‹ einschätzen, von 38% auf 47% an, während der ›reformistische‹ Anteil im gleichen Zeitraum von 26% auf 16% sank. Etwas mehr als ein Drittel der Befragten ordnete sich dabei keiner der beiden Gruppen zu. Die Altersaufschlüsselung weist keine schwerwiegenden Unterschiede zwischen den Altersklassen auf: Selbst die Jungwähler stuften sich bei den Umfragen in den 80er Jahren weitaus mehr als ›konservativ‹ und weniger als ›reformistisch‹ ein.

Schlüsselt man die Umfrageergebnisse nach demographischen Kriterien auf, so zeigt sich, daß die Liberaldemokratische Partei ihre Anhänger vor allem in Mittel- und Kleinstädten sowie Dörfern, den mittleren und höheren Altersgruppen, in Landwirtschaft, Fischerei, Industrie- und Handel sowie im

Öffentlichen Dienst rekrutiert, während die *Shakaitō* etwas (!) stärker als im Durchschnitt (13,1%) in den Großstädten, den jüngeren Wählergruppen, bei Ingenieuren, Studenten und vor allem unter Gewerkschaftsmitgliedern vertreten ist. Wer sich als ›konservativ‹ versteht, wählt zu 78% LDP, wer als ›reformistisch‹, jeweils etwa zur Hälfte *Shakaitō* oder die anderen Oppositionsparteien. Zufriedenheit mit der Politik prädisponiert zu 66% für eine Stimmabgabe zugunsten der LDP.

Bei der Nachwahluntersuchung der ›Gesellschaft zur Förderung transparenter Wahlen‹ im Frühjahr 1991 äußerten 40,8% der Befragten ihre Präferenz (›Unterstützung‹) für die LDP, 12,9% für die *Shakaitō*, 2,9% für die *Komeitō*, 1,7% für die DSP und 1,4% für die KPJ, während 35,3% der Befragten keine Parteipräferenz erkennen ließen.[97] Die Regierungspartei findet überproportional Anhänger in Mittelstädten, Kleinstädten und Dörfern, im männlichen Teil der Wählerschaft, in den Wählerschichten mit regionaler Mobilität (sie findet bei denen ihren stärksten Rückhalt, die schon seit mehr als 20 Jahren in ihrem Wohnort wohnen), in den mittleren und höheren Einkommensgruppen (aber bei denjenigen mit einem niedrigeren Monatseinkommen als 100.000 Yen immerhin noch 36,2%), in den Mehr-Generationen-Haushalten, bei den mittleren und höheren Altersklassen, den Hausbesitzern, den Mitgliedern von Industrieverbänden und Vereinen sowie bei denen, die sich ›in ihrer Lebensumwelt geborgen‹ fühlen. Demgegenüber neigen Wähler der Großstädte, Befragte mit geringerer zeitlicher Bindung an ihren Wohnort, die Mitglieder der mittleren Einkommensgruppen, Gewerkschaftsmitglieder und jene, die sich ›in ihrer Lebensumwelt nicht geborgen‹ fühlen, etwas mehr zur *Shakaitō*. Anhänger beider Parteien zeigen ein überdurchschnittliches Interesse an der Politik und geben hinsichtlich ihrer Wahlbeteiligung ein überdurchschnittliches Pflichtbewußtsein zu erkennen. Umgekehrt: Diejenigen Befragten, die sich zu keiner der Parteien bekennen, äußern nur ein geringes Interesse an Politik und betonen überdurchschnittlich häufig das Recht, sich nicht an Wahlen zu beteiligen.

5. Ausbleibende Reformen: die Reaktionen der Politiker

Die politisch-psychologischen Folgen einer Vielzahl von Skandalen, unter denen der Lockheed-Skandal, der Recruit-Skandal und der *Sagawa-Kyūbin*-Skandal besonders hervorstechen, haben die politische Klasse Japans veranlaßt, selbstkritisch Bilanz zu ziehen und Grundsatzreformen des politischen Systems als vordringlich zu bezeichnen.[98] Kern der Reformüberlegungen ist der Vorschlag einer Reform des Unterhauswahlrechts durch die Regierung und die sie beratende Wahlrechtsreformkommission.[99] In den Medien finden diese Reformüberlegungen eine breite und zugleich kritische Resonanz.[100] Denn eine Reform des Wahlsystems verändert die politischen Wettbewerbsbedingungen und veranlaßt die Akteure des politischen Wettbewerbs zu entsprechenden Anpassungsstrategien.

Die Liberaldemokraten entwarfen unter dem Vorsitz ihres Kommissionsvorsitzenden *Masaharu Gōtōda* ein Reformprogramm, das weitreichende Forderungen nach politisch-administrativer Dezentralisierung, eine Belebung der Parlamentsarbeit, die Reform der Parteiorganisation und der Parteifinanzierung und schließlich des Wahlsystems vorsieht. Dabei wird der innere Zusammenhang dieser Reformansätze erkennbar: Das bisherige Wahlsystem fördert den Machtkampf der Faktionen und steigert den Finanzbedarf der Parteien durch die hohe Intensität des inner- und zwischenparteilichen Gruppen- und Kandidatenwettbewerbs. Eine Reform der *Parteifinanzierung* erfordert somit eine Reform des *Wahlsystems.*

Das vom LDP-Büro für politische Reformen am 10. Dezember 1992 vorgelegte Reformkonzept sieht 1. die Verringerung der Zahl der Unterhausmandate von 511 auf 500, 2. die Aufteilung dieser Mandatszahl auf die Präfekturen nach deren Bevölkerungsstärke, 3. eine maximale Abweichung bevölkerungsstarker und bevölkerungsschwacher Wahlkreise vom Mittelwert um nicht mehr als jeweils ein Drittel und 4. die Einberufung einer Expertenkommission vor, die unter dem Vorsitz des Unterhauspräsidenten eine kontinuierliche Anpassung der Wahlkreiszuschnitte an die Bevölkerungsentwicklung sichern soll.

Tiefgreifende Reformen werden indessen durch die Selbstrekrutierung der politischen Führungsschicht erschwert. Der Nepotismus ist ein Dauermerkmal der Rekrutierung der politischen Elite in Japan. So waren zehn von insgesamt zwanzig Kabinettsmitglieder der im Dezember 1992 umgebildeten, 2. Regierung *Kiichi Miyazwas* Söhne oder Enkel früherer Abgeordneter.[101] Mehr als ein Drittel der 276 (von insgesamt 512) Abgeordneten des Unterhauses stammen aus Politikerfamilien. Der anhaltende Widerstand gegen Reformen der Parteistrukturen findet auch in dieser Kontinuität eine Erklärung. Grundlage des Nepotismus ist die Übertragung der Wahlkampfmaschinerie (*jiban*, *kamban*, *kaban*) sowie der Unterstützungsvereinigung (*kōenkai*) vom Vater auf den Sohn und vom Sohn auf den Enkel. Bezeichnenderweise sind selbst die Parteireformer (*Tsutomu Hata* und *Ichirō Ōzawa*) Söhne früherer Abgeordneter.

Alle Versuche, eine Reform des Wahlsystems zielstrebig in Angriff zu nehmen, sind daher bisher an der ›normativen Kraft des Faktischen‹, insbesondere an den Beharrungstendenzen innerhalb der LDP gescheitert. Innerhalb der Regierungspartei ist bisher kein Reformvorschlag konsensfähig gewesen: Die Exekutivabteilung und der Politische Untersuchungsausschuß der Parlamentsabgeordneten sind in ihren Reformüberlegungen nicht mit der Zentralstelle für Politische Reformen auf einen Nenner zu bringen.[102] Zudem ist der Reformeifer schwach. Der geringfügig modifizierte Status quo bietet sich stets als kleinster gemeinsamer Nenner an. Inzwischen scheint die LDP ihre vielfach bekundete Absicht aufgegeben zu haben, eine umfassende Reform der Wahlkampf- und Parteifinanzen sowie des Wahlsystems ernsthaft in Angriff zu nehmen. Ob der Plan, diese Reformüberlegungen in einem Beirat unter Beteiligung der Opposition weiterzuführen, angesichts der widersprüchlichen Vorstellungen überhaupt zu verwirklichen ist, bleibt abzuwarten.

Neuerdings wird von einigen Reformern – so von einer aus 72 Abgeordneten bestehenden Gruppe um den früheren Bauminister *Taku Yamasaki* – auch der Vorschlag zur Diskussion gestellt, den Premierminister durch die Bevölkerung direkt wählen zu lassen.[103] Ein solches Verfahren, wie es für Präsidialdemokratien kennzeichnend ist, würde jedoch erhebliche Führungs- und Abstimmungsprobleme zwischen Regierung und Parlament heraufbeschwören. Neue politische Friktionen wären vorprogrammiert.

VII. Kapitel: Die politischen Entscheidungen

1. Der ›wechselseitige Konsens‹

Die politischen Entscheidungsprozesse in Japan sind häufig mit den Begriffen ›Neokorporatismus‹ und ›Neomerkantilismus‹ umschrieben worden.[104] Sie sind neokorporatistisch, weil größere Interessengruppen einzelne Entscheidungsfelder beherrschen und anderen Gruppen den Zugang verwehren. Die politischen Entscheidungsgremien spiegeln in ihrer Zusammensetzung diese Dominanz wider und beschränken sich häufig auf die Koordination der Interessenblöcke, da die Parteien die Interessenforderungen und die erforderlichen Kompromisse ratifizieren. Die Wirtschaftspolitik ist merkantilistisch, weil der Staat in größerem Umfang interveniert: durch Subventionen, Exportförderung, Importbarrieren und die besondere Förderung strategisch wichtiger Wirtschaftssektoren. Dieses Förderungs- und Interventionssystem baut auf korporatistischen Grundlagen auf, ja setzt sie geradezu voraus.

Merkmale korporatistischer Entscheidungsstrukturen sind klar voneinander abgegrenzte Interessenbereiche, die hierarchisch organisiert sind, nicht miteinander konkurrieren, staatliche Vorgaben beachten und ihrerseits erheblichen Einfluß auf die Politik in ihren Sektoren nehmen. Es bildet sich so ein dichtes Kooperationsnetz zwischen Regierungsapparat und Interessengruppen heraus, das es den Verbänden möglich macht, auf Formulierung und Implementation politischer Entscheidungen durch Konsultationsprozesse und Mitarbeit in Beiräten etc. erheblichen Einfluß zu nehmen. Interessenpolitik, Protektion und Patronage sind auch in Japan seit langem Merkmale neokorporatistischer Entscheidungsstrukturen. Diese Strukturen kennzeichnen zwar den herkömmlichen politischen Entscheidungsprozeß, werden in ihren Wirkungen aber durch den politischen Wettbewerb mehr und mehr eingegrenzt. Denn je stärker bisher vernachlässigte Interessengruppen (Verbraucher etc.) sowie internationale Institutionen Einfluß auf politische Entscheidungen nehmen, um so pluralistischer werden diese Strukturen auf Dauer. Dieser Trend kennzeichnet insbesondere die gegenwärtige Entwicklung der Wirtschaftspolitik.

Die korporatistischen Strukturen im Wechselspiel von Bürokratie und Interessengruppen können sich aber nur so weit entfalten, wie die Verbände auch das Parlament in ihrem Sinne beeinflussen. Das Beispiel der Geld- und Bankenpolitik zeigt jedoch, daß das Finanzministerium durch enge Absprachen mit den Banken den politischen Interventionsspielraum von Abgeordneten erheblich einschränken kann.[105] Im Netzwerk unterschiedlicher politischer und wirtschaftlicher Interessen herrscht die Bürokratie nicht, sondern verhandelt (Samuels). So entsteht ein System des ›kanalisierten Pluralismus‹ (*Satō/Matsuzaki*), des ›Schnittmuster-Pluralismus‹ (Krauss/*Muramatsu*) und einer ›Regierungsweise durch Verhandlungen‹ (Haley). Anders gesagt: Die Bürokratie gibt keine politischen Vorgaben, sondern handelt zwischen den betreffenden Gruppen Kompromißlösungen aus, die politisch konsensfähig sind.

Weder ›Staatskapitalismus‹ noch ›bürokratische Vorherrschaft‹ sind somit Begriffe, die das Verhältnis von Staat und Wirtschaft in Japan angemessen wiedergeben. Diese Beziehungen beruhen vielmehr auf einem ›wechselseitigen Konsens‹[106]: Die Wirtschaft ist mit der Notwendigkeit von Vorgaben der Regierung einverstanden, erwartet aber, daß diese ihren Handlungsspielraum auf den Märkten akzeptiert. Entsprechend verringert sich der Handlungsspielraum der Regierung dadurch, daß sie lieber mit der Wirtschaft verhandelt, aber weniger autoritär vorgibt. Wesentliches Merkmal des wechselseitigen Konsenses ist die schrittweise Anpassung von Staat und Wirtschaft. Nur in diesem Rahmen kann die Regierung ihr Konzept ›administrativer Führung‹ (*gyōsei shidō*) überhaupt umsetzen. Dieser Spielraum ist auch enger geworden, weil insbesondere das Ministerium für Außenhandel und Industrie in den letzten Jahrzehnten einen Teil seiner früheren Durchsetzungsstärke eingebüßt hat und auf einzelne Politikfelder spezialisierte Abgeordnete (*zoku giin*) die frühere Vorherrschaft der Bürokratie schrittweise zurückgeschnitten haben.[107] Der ›wechselseitige Konsens‹ prägt vor allem Politikfelder wie die Wirtschafts-, Industrie- und Forschungspolitik, die durch eine umfassende Interessenintegration in den politischen Prozeß gekennzeichnet sind, aber deutlich weniger die Bildungs- und Sozialpolitik.

2. Die Umsetzung der Entscheidungen

Die japanische Politik ist durch Informations-, Kommunikations- und Konsensverfahren gekennzeichnet, die den Prozeß der Zielformulierung und Entscheidungsfindung aufwendig und langwierig gestalten, die Umsetzung politischer Programme aber auf eine solide, breite Grundlage stellen und dadurch beschleunigen. Ein gutes Beispiel für diese Wirkung der Implementation ist die Verdoppelung der Inlandsnachfrage in der zweiten Hälfte der 80er Jahre nach Vorlage des *Maekawa*-Berichts. Kompliziert wird der Entscheidungsprozeß durch die zunehmende Dichte der Interaktionen zwischen den einzelnen Ministerien und der LDP (insbesondere deren Policy Affairs Research Council, PARC). Die Politiker der LDP intervenieren zunehmend im politischen Planungsprozeß, vielfach bereits vor der formellen Eröffnung des Gesetzgebungsverfahrens. Dementsprechend stimmt das Finanzministerium die Haushaltsplanung bereits frühzeitig mit den Abteilungen des LDP-Planungsausschusses ab, wie die amerikanisch-japanischen Außenhandelsberatungen gezeigt haben.

Insbesondere das MITI und das Bauministerium stehen dabei im Widerstreit der an den Absprachen mit den Außenhandelspartnern orientierten politischen Führung und den Wahlkreisinteressen der Abgeordneten. Weiter erschwert wird der Entscheidungsprozeß durch die Dynamik der Faktionen, die eine konsistente Politik und eine langfristige politische Führung unterlaufen. Die Verbesserung der Beziehungen zur früheren Sowjetunion und Korea sind Musterbeispiele einer solchen ›Stop-and-go‹-Politik unter dem Einfluß innerparteilichen Gruppenwettbewerbs und personeller Rivalitäten. Berücksichtigt man ferner den Einfluß der Wirtschaft auf die Implementation außenwirtschaftspolitischer Entscheidungen und das komplizierte Geflecht der sicherheitspolitischen Fragen, so erscheinen die Erfolge der japanischen Wirtschafts- und Technologiepolitik und ihre Verarbeitung internationaler, demographischer und technologischer Veränderungen um so eindrucksvoller. Hier zeigt sich aber auch, daß die herkömmliche Fragmentierung des politischen Entscheidungsprozesses durch die wachsende internationale Verflechtung Japans sowie durch die Eigendynamik des politischen Wettbewerbs mehr und mehr überlagert wird.

Politische Innovationen sind nur im Zusammenspiel der liberaldemokratischen Parteiführung mit der Ministerialbürokratie durchzusetzen. Die Steuerreform im Jahre 1989 wurde möglich, weil das Finanzministerium die Kontrolle über die Haushaltsplanung behalten und die Einführung der Verbrauchssteuer gegen vielfache Widerstände durchsetzen konnte.[108] Dies gelang dem Ministerium im Zusammenspiel mit den Abgeordneten der LDP. Weder können die Ministerien, wie dieses Beispiel zeigt, politische Innovationen gegen die Regierungspartei durchsetzen, noch bestimmen sie allein die Themen der politischen Diskussion und Entscheidungsfindung. Vielmehr sind sie zu enger Kooperation mit Parlamentariern und zu Kompromissen im Arrangement mit oppositionellen Gruppen gezwungen. Dabei erweist sich vor allem die interne Koordinations- und Planungskapazität der ›vertikal gespaltenen Administration‹ (*tatewari gyōsei*) vielfach als unzureichend.

3. Die politische Machtstruktur

Die Deutung der politischen Machtstruktur bleibt umstritten: Während die ›Elitisten‹ das machtvolle, engverflochtene Netzwerk führender Positionsträger in Politik, Verwaltung und Wirtschaft hervorheben, verweisen die ›Pluralisten‹ auf eine Vielzahl von Gegenmächten in Wirtschaft, Politik, Verwaltung und Medien, ferner auf die Fragmentierung der politischen Entscheidungsstrukturen, die Vielfalt der sozioökonomischen Interessen und schließlich auf das Gegengewicht konkurrierender Wirtschaftsinteressen sowie der Medien. Beide Perspektiven können aber insgesamt ein durchaus stimmiges Gesamtbild vermitteln: Horizontal gliedert sich die politische Macht in rivalisierende Institutionen und konkurrierende Gruppen auf, vertikal teilt sie sich seit jeher in die Einflußbereiche der zentralstaatlichen Protagonisten der Modernisierung und jener lokaler, basisorientierter Interessenbehauptung. Beide Pole sind wesentliche Grundlagen politischer Macht.

Es ist ein typisches Merkmal der bürokratischen Konkordanzdemokratie Japans, daß unterschiedliche gesellschaftliche Interessen durch konsultative, kooperative Verfahren wirksam in den politischen Entscheidungsprozeß eingebunden werden. Dies geschieht durch Beiräte (*shingikai*), administrative Empfehlungen (*gyōsei shidō*) und Unterstützungsvereinigungen von Abgeordneten (*kōenkai*). Gegenwärtig sind den Ministerien insgesamt 212 Beiräte zugeordnet, die eine bessere Abstimmung des Regierungshandelns mit gesellschaftlichen Interessen gewährleisten und politische Korrekturen und Innovationen ermöglichen sollen.[109] Den Beiräten gehören überwiegend Professoren, Wissenschaftler aus außeruniversitären Forschungsinstitutionen und öffentlichen Institutionen sowie Vertreter von Unternehmen, Verbänden und Gewerkschaften an.[110] Während die Beiräte das Verwaltungshandeln mit dem Ziel des gesellschaftlichen Interessenausgleichs ergänzen und durch Expertenwissen unterstützen, zielen administrative Empfehlungen auf die kooperative Durchsetzung politischer Ziele durch informelle, direkte Abstimmung des Verwaltungshandelns mit den betroffenen Verbänden und Unternehmen. Demgegenüber ermöglichen die Unterstützungsvereinigungen die Artikulation und Berücksichtigung von Bürgerforderungen durch einzelne Abgeordnete. Dies sind die Instrumente einer integrativen Konfliktregelung und einer dauerhaften Einparteienherrschaft. Die japanische Konkordanzdemokratie ist damit zugleich integrativ in der gesellschaftlichen Interessenvermittlung und asymmetrisch in der politischen Machtkontrolle.

Das Zentrum des politischen Entscheidungsprozesses liegt aber nicht mehr allein in den Ministerien, sondern auch in den Gremien der LDP. Während in den ersten Nachkriegsjahrzehnten die Ministerien etwa 90% der Gesetze entwarfen, werden gegenwärtig etwa 25-30% der Gesetzesentwürfe von den politischen Ausschüssen der LDP eingebracht.

Die Ministerien müssen sich einerseits mit dem Policy Affairs Research Council (PARC; *seimu-chōdakai*) der LDP arrangieren, zum anderen mit liberaldemokratischen Abgeordnetengruppen (*zoku*), die parteiinterne Interessenvertreter und Experten zugleich sind. Zusammen mit den fachlich zuständigen Beamten prägen sie die Entscheidungsnetzwerke solcher Politikfelder, die über größere Haushalte verfügen und daher für die Pflege politischer Klientelbeziehungen besonders wichtig sind. Die ›großen Drei‹ Zoku sind daher die für Wohnungsbau (*kensetsu zoko*), für Landwirtschaft (*nōrin zoku*) und Außenhandel (*shōkō zoku*); ferner gibt es Gruppen für Bildung (*bunkyō zoku*), Verkehr (*unyu zoku*) und Verteidigung (*bōei zoku*).

Die Verflechtung zwischen der Führungsschicht der LDP und der Ministerialbürokratie ist eng. In der Unterhauswahl 1986 waren 23% und in der Unterhauswahl 1990 25% aller erfolgreichen LDP-Kandidaten frühere Ministerialbeamte. Am häufigsten handelt es sich hierbei um ehemalige Beamte des Finanzministeriums, am zweithäufigsten um Beamte des MITI, während das Landwirtschafts- und das Bauministerium den 3. und 4. Rang einnehmen. In 30% aller Fälle entstammen die LDP-Abgeordneten Familien, in denen bereits der Vater ein politisches Amt innegehabt hat. Die regionalen Parteiorganisationen versprechen sich von diesen Auslesemechanismen eine kompetente und durchsetzungsstarke Vertretung ihrer Wahlkreisinteressen. Da die politischen Führungspositionen nach dem parlamentarischen Senioritätsprinzip besetzt werden, besitzen die Ministerialbeamten, die sich erst spät für eine parlamentarische Karriere entscheiden, keine besonders günstigen Karriereaussichten in der Politik.

Durch die Rotation zwischen den Führungsgruppen von Politik und Verwaltung, Verwaltung und Wirtschaft entstehen informelle Kommunikationsnetzwerke, die es der Regierung möglich machen, bei der Gesetzesplanung breiten fachlichen Rat einzuholen und bei der Umsetzung politischer Programme Widerstände zu überwinden. Wegen des niedrigen Pensionsalters (55 Jahre) ist eine zweite Karriere für Ministerialbeamte in Wirtschaft oder Politik naheliegend; und das in der Verwaltung aufgebaute Beziehungsnetz zu Verbänden ist bei einer Plazierung auf der Kandidatenliste des Reichswahlkreises der Oberhauswahlen durchaus hilfreich. Während in den ersten Nachkriegsjahrzehnten nur das Leitungspersonal der Ministerialbürokratie, insbesondere Staatssekretäre (*jikan*) und Abteilungsleiter (*kyokuchō*), ein parlamentarisches Mandat angestrebt haben, zielen nunmehr auch Beamte auf den mittleren Hierarchieebenen eine Abgeordnetenkarriere an.

Obwohl die Liberaldemokratische Partei stets über eine stabile Mehrheit im Unterhaus verfügt hat, wirft der kontroverse Charakter der parlamentarischen Beratungen immer wieder die Frage nach ihrer politischen Durchsetzungsfähigkeit auf. Die

Boykottmaßnahmen der Opposition (*shingi kyohi*) dürfen jedoch nicht überbewertet werden. Denn diese Taktiken werden öffentlichkeitswirksam praktiziert, nachdem Mehrheit und Minderheit bereits ein stillschweigendes Übereinkommen getroffen haben.[111] Die parlamentarische Auseinandersetzung stellt somit nicht mehr als eine Theaterbühne dar, hinter deren Vorhängen sich die tatsächlichen Auseinandersetzungen und Kompromisse verbergen. Weder die numerische Stärke der LDP noch die Länge der parlamentarischen Sitzungsperiode entscheiden über den Erfolg von Gesetzesvorhaben. Die hohe Zustimmungsrate liberaldemokratischer Gesetzesentwürfe (90%) darf daher nicht nur als Ausdruck der Vormachtstellung der LDP und der Schwäche der Opposition aufgefaßt werden. Zur Erklärung der parlamentarischen Abstimmungsverhaltens müssen vielmehr zwei Faktoren herangezogen werden: einerseits die komplizierteren parlamentarischen Mehrheitsverhältnisse mit einer oppositionellen Oberhausmajorität seit 1989 und zum anderen die durch Medienkritik und Wahlergebnisse geförderte Bereitschaft der Regierung zur Antizipation politischer Widerstände. Dadurch wird der Boden für vielfältige informelle Arrangements zwischen Regierung und Opposition bereitet. Sowohl das Zweikammersystem als auch die kurzen Legislaturperioden schärfen das Interventionsinstrumentarium der Opposition. Hinzu kommen bewährte Verzögerungstaktiken wie der ›Kuhgang‹ (*gyūho senjutsu*), die einen parlamentarischen Abstimmungsvorgang zeitlich ins Unendliche dehnen. Am Beispiel des Haushaltsausschusses hat Takako *Kishima* gezeigt[112], daß die meisten Vorschläge der Opposition von der Ausschußmehrheit berücksichtigt wurden: 17 von 21 Entwürfen der Regierung wurden im Sinne der Opposition ergänzt oder geändert. Dies wurde durch Verhandlungen zwischen den jeweiligen Vorsitzenden der Mehrheits- und Oppositionsfraktionen vorbereitet. Gemeinsame gesellschaftliche Kontakte wie Ausflüge, Besichtigungen etc. tun ein weiteres, ein kooperatives Klima entstehen zu lassen.

Durch die stärkere Einschaltung von Parlamentariern ist der politische Entscheidungsprozeß komplexer, aber auch transparenter geworden. Das informelle Abstimmungsverfahren (*nemawashi*), das der endgültigen Entscheidung vorausgeht, bleibt zwar langwierig, wird durch diese Politisierung aber umso bedeutsamer.

So entsteht eine Kameraderie über Fraktionsgrenzen hinweg, die eine deutliche Distanz zu den Zentralen der Parteien verrät. Insoweit ist eine Parallele zur Professionalisierung und Eigenständigkeit von Abgeordneten in Haushaltsausschüssen anderer Länder zu erkennen – etwa im Deutschen Bundestag. Diese Kameraderie wird auf Seiten der Regierung durch finanzielle Vergünstigungen unterschiedlicher Art an die Oppositionsabgeordneten gefördert. So zeigt sich in der parlamentarischen Praxis hinter der Fassade der Konfrontation das Bild einer ›konsensualen Demokratie‹: Der politischen Rhetorik der Konfrontation entspricht die parlamentarische Praxis der Kooperation.

Seit dem Ende der 80er Jahre häufen sich Finanzskandale, in die Regierung *und* Verwaltung auf vielfältige Weise verflochten sind. In diesen Skandalen tritt immer wieder ein Grundmuster der finanziellen Interessenverflechtung zwischen LDP, Regierung, Banken und Großunternehmen zutage, dessen beherrschende Merkmale auf die Begriffe ›Komplizenschaft‹ und ›Kollusion‹ (Zusammenspiel zwischen Interessenten) gebracht werden können. Bei einem Andauern dieser Skandale, insbesondere aber der ihnen zugrundeliegenden Kollusion von Politik und Wirtschaft, besteht die Gefahr, daß die interne und internationale Glaubwürdigkeit der japanischen Wirtschaftspolitik dauerhaft beschädigt wird.

4. Der Wandel politischer Prioritäten

Die liberaldemokratischen Politiker haben in der Vergangenheit den materiellen Gehalt der politischen Entscheidungen nur in dem durch Interessengruppen und Ministerien abgesteckten Rahmen bestimmen können. Bei rückläufigem wirtschaftlichem Wachstum hat in den letzten Jahrzehnten der Druck der Wirtschaftsverbände auf die Politik zugenommen, weniger Haushaltsmittel für Landwirtschaft und Kleinunternehmer einzusetzen.[113] Diesem Druck haben die Liberaldemokraten nur schrittweise nachgegeben, um ihre Machtbasis nicht zu gefährden. So hat sich ein ›Kompensationszyklus‹ herausgebildet, der die Politik einerseits an wohlfahrtsstaatlichen Kriterien ausrichtet und die Probleme der Anpassung der bestehenden Gesellschaftsstruktur an den gesellschaftlichen Wandel mildert, andererseits die Dynamik des Marktes und des sozialen Wandels unterstützt. Die politische Wirkung dieses Zyklus besteht vor allem in der Beschwichtigung politischer Kritiker, der Neutralisierung oppositioneller Strömungen und der Stabilisierung der liberaldemokratischen Vorherrschaft.

Das wirtschaftliche Wachstum schuf die Voraussetzungen für die Forderungen der Interessengruppen an die Politik, zugleich aber auch für die wirtschafts- und sozialpolitischen Anpassungsmaßnahmen der Regierung. Es läßt sich somit eine Wechselwirkung zwischen politischen Strukturen und Politikergebnissen beobachten: Einerseits schaffen die politischen Institutionen und politischen Entscheidungsstrukturen günstige Voraussetzungen für wirtschaftliches Wachstum und die Regelung sozialer Konflikte durch eine wohlfahrtsstaatliche Politik, andererseits wirkt dieses Politikergebnis in Form höherer Ansprüche von Interessengruppen und Wählern auf die politischen Entscheider zurück und setzt sie unter Druck. Die Forderungen dieser Gruppen werden durch die Folgen wirtschaftlichen Wachstums in mehrfacher Hinsicht verstärkt: durch die Urbanisierung, den politischen Stabilitätsbedarf einer dynamischen Exportindustrie, die Anforderungen der Wirtschaft an eine leistungsfähigere Infrastruktur sowie bessere Kreditmöglichkeiten und schließlich durch die Notwendigkeit von Unterstützungsleistungen für Bevölkerungsgruppen, die durch den sozialen Wandel benachteiligt werden. Die Folgen des wirtschaftlichen Wachstums erweitern so den Aufgabenkatalog der politischen Entscheider. Die japanischen Regierungen der Nachkriegszeit haben sich diesen Herausforderungen gestellt und den wirtschaftlich-sozialen Wandel aufgefangen und gestaltet. Wiederholt haben sie dabei Vorschläge der Opposition aufgegriffen, leistungsfähige Kommunikationsnetzwerke zur Wählerbasis aufgebaut und so ein hohes Maß an Responsivität gegenüber Wählererwartungen bewiesen.

Die LDP-Regierung hat die veränderten Anforderungen der Wählerschaft wie des internationalen Umfeldes auch in der Auseinandersetzung mit den eigenen Hinterbänklern politisch umgesetzt. Dabei ist sie auch nicht vor Abstrichen bei staatlichen Leistungen zu Lasten ihrer traditionellen Klientel – Landwirte und Kleinunternehmer – zurückgeschreckt.[114] In diesem

Wandel der Politikinhalte schlagen sich veränderte politische Prioritäten des gesellschaftlichen und internationalen Umfeldes nieder.

- Weil die Landwirtschaft zu den traditionellen Schutzzonen der Wirtschaftspolitik gehört und die Reisbauern den achtfachen Preis des Weltmarktes aufgrund von Regierungsgarantien des Reispreises erzielen, mobilisiert der Verband landwirtschaftlicher Genossenschaften die ländlichen Wählerstimmen für die LDP. Diese besitzen – auch aufgrund von Verzerrungen der Wahlkreisgrößen – trotz eines anhaltenden Rückgangs der Landbevölkerung ein überproportionales Gewicht für die Regierungspartei. Aufgrund internationalen Drucks hat die Regierung jedoch die Importquoten für Fleisch und Zitrusfrüchte schrittweise erhöht und 1990 schließlich ganz beseitigt. Inzwischen empfehlen die Beiräte der Regierung auch eine stufenweise Liberalisierung des Reisimports.
- Seit Beginn der 80er Jahre hat die Regierung den Umfang der Subventionen für Klein- und Mittelunternehmen immer mehr zurückgeschraubt. Sowohl die Möglichkeiten der Kartellbildung von Großhändlern als auch der Schutz von kleineren Einzelhandelsbetrieben wurden eingeschränkt. Im Rahmen der Steuerreform 1989 wurden auch die Steuererleichterungen für kleine Einzelhandelsunternehmen zurückgewonnen und ihre Berichterstattungspflicht gegenüber den Steuerbehörden ausgeweitet.
- Die Regierung geht unter dem Druck der internationalen Finanzmärkte daran, die gesetzlichen Vorschriften zur Festlegung von Bankzinsen zu lockern, von denen in der Vergangenheit vor allem kleinere und mittlere Banken profitiert haben.

Diese Politik der schrittweisen Liberalisierung und Deregulierung ist auch dadurch zu erklären, daß die Kosten des Protektionismus steigen; denn gerade leistungsfähige Exportunternehmen müssen Gegenmaßnahmen ausländischer Regierungen fürchten. Unter dem Einfluß konvergierenden Drucks von außen (ausländischer Exportunternehmen) und von innen (japanischer Exportunternehmen und Wirtschaftsverbände) befindet sich daher der Protektionismus auf dem allmählichen Rückzug. In die gleiche Richtung wirkt zudem der wachsende Anteil der städtischen Wechselwähler.

5. Das Politikergebnis

Das Ergebnis der japanischen Politik ist durchaus eindrucksvoll. Nach dem vom United Nations Development Program (UNDP) vorgelegten ›Bericht der menschlichen Entwicklung 1991‹ nimmt Japan bei einer Messung des sozialen Fortschritts anhand der Lebenserwartung, der Alphabetisierungsrate und der Basiskaufkraft eine internationale Spitzenstellung unter allen Industriestaaten ein.[115] Dieser Befund fordert eine vergleichende Bewertung der Inhalte und Ergebnisse politischer Entscheidungsprozesse in Japan heraus: Worin unterscheidet sich die Bilanz politischer Entscheidungen und ihrer Ergebnisse von denen anderer demokratischer Industriestaaten?

Die Industrialisierung Japans fand im Unterschied zu anderen Industriestaaten nicht in einer heterogenen Gesellschaft statt, deren Konflikte dort auf vielfältigen religiösen, wirtschaftlichen, geographischen, ethnischen und kulturellen Faktoren beruhten.[117] In den Industriestaaten Nordamerikas und Europas erzwang die soziale Vielfalt einen pluralistischen Staat. Anders Japan: Seine Industrialisierung setzte später und unter größerer geographischer und kultureller Isolierung ein. Die japanische Bevölkerung war sozial weitaus homogener als die der industriellen ›Frühstarter‹, und die politische Elite zudem durch einen starken Zusammenhalt gekennzeichnet. Weder soziale Gegensätze noch politische Konflikte setzten der zentralen Staatsmacht enge Grenzen. Die Folgen: ein starker Zentralstaat, ein schwaches Parlament, ein eigenwilliges Wahlrecht, wirtschaftliche Konzentration und ein zentralisiertes Bildungssystem.

Im Unterschied zu den westlichen Industriestaaten ließen es Staat und Wirtschaft nicht zu, daß sich die Gewerkschaften im Zuge der Industrialisierung zentral und durchsetzungsstark organisierten. Die politischen und wirtschaftlichen Führungsgruppen zogen aus der gewerkschaftlichen Organisationsstärke und dem gewerkschaftlichen Durchsetzungsvermögen in anderen Industrieländern die Folgerung, die Organisation der Arbeitnehmer im Sinne eines ›industriellen Paternalismus‹ auf Betriebsgewerkschaften einzugrenzen. Zwar ist die japanische Gewerkschaftsbewegung mit der anderer Industrieländer quantitativ durchaus vergleichbar, kann aber aufgrund ihrer betrieblichen Domestizierung keinen nennenswerten Einfluß auf den politischen Entscheidungsprozeß ausüben.

Diese Struktur wirkt sich in mehrfacher Hinsicht auf den Inhalt politischer Entscheidungen aus: Das wirtschaftliche Wachstum konnte in den ersten Nachkriegsjahrzehnten vom Staat unter hohen sozialen und ökologischen Kosten gefördert werden, die ihren Niederschlag in einer drastischen Umweltverschmutzung und in niedrigen Sozial- und Bildungsausgaben fanden. Tarifkonflikte blieben auf die einzelnen Unternehmen beschränkt, das höhere Bildungssystem war überwiegend privat, und die öffentliche Verwaltung blieb entsprechend klein.

Für die politischen Streitfragen hat sich zudem keine eindeutige ›Politikarena‹ im politischen Entscheidungsprozeß herausgebildet. Je öffentlich sichtbarer aber die politischen Entscheidungsinhalte und ihre Folgen werden, umso eher können Akteure außerhalb der regierenden Interessenkoalition Einfluß auf politische Entscheidungen nehmen. Das gilt für das Bildungssystem, den Umweltschutz und die konkreten Arbeitsbedingungen. Andererseits entziehen sich die Grundsatzfragen der Wirtschaftsplanung und Verwaltungsreform weitgehend der Einflußnahme von Interessengruppen, Medien und oppositionellen Bewegungen.

In den 70er und 80er Jahren sind die Sozial- und Bildungsausgaben beträchtlich erhöht worden. Ebenso wurden verstärkt Maßnahmen zugunsten des Umweltschutzes ergriffen. Der Anstieg der Staatsausgaben und die größere Regelungsdichte lassen auf eine gewachsene soziale und ökologische Sensitivität des Regierungsapparats schließen. Dabei kann sich die Regierung bei einem im Vergleich zu anderen Industrieländern erheblich kleineren Verwaltungsapparat auf eine größere Leistungsfähigkeit der Unternehmen und auf eine hohe Leistungsbereitschaft der privaten Bildungseinrichtungen stützen. Nur auf dieser Grundlage ließen sich Sozial-, Bildungs- und Umweltschutzprogramme ausbauen, während sich die öffentliche Verwaltung nicht entsprechend ausweitete. Desgleichen ist die Empfänglichkeit der Entscheidungsträger für internationalen Druck gestiegen. Die in den 80er Jahren ergriffenen Maßnahmen der Importliberalisierung finden hier ebenso ihre Erklärung wie die steigenden Bildungs- und Sozialausgaben. In zwei Bereichen ist die Regierung jedoch internationalen Trends nicht gefolgt: in der Gestaltung der Tarifbeziehungen und in der Verwaltungsreform. Hier widersetzte sie sich Forderungen der Internationalen Gewerkschaftsbewegung.

Die japanische Politik kommt den Zielen sozialer Stabilität, breiten Massenwohlstands und effektiver Regierungsweise bemerkenswert nahe.[117] Bereits im Jahre 1970 waren die untersten und obersten Einkommensschichten in Japan – das ärmste und reichste Fünftel der Bevölkerung auf der Einkommensskala – durch eine weit geringere Kluft getrennt als in allen anderen Industriestaaten. Andererseits bleiben größeren Minderheitsgruppen (Koreaner, Burakumin) Chancen des wirtschaftlichen und sozialen Aufstiegs verwehrt. Das im internationalen Maßstab egalitäre Muster der Einkommensverteilung hat jedoch Klassen- und Schichtengegensätze dennoch in erheblichem Umfang abgeschleift und läßt es durchaus verständlich erscheinen, daß sich bei Repräsentativumfragen 90% der Befragten der Mittelschicht zuordnen. Dieses Bewußtsein hat sich als eine starke Stütze wirtschaftlicher, sozialer und politischer Stabilität erwiesen. Die von der LDP verfolgte Politik des Wirtschaftswachstums hat steigenden Massenwohlstand geschaffen, und die dadurch geförderte soziale Stabilität begünstigt wiederum ein regierungsfreundliches Wahlverhalten: ein konservativer Kreislauf.

Der Ausbau der Sozialpolitik ist dabei keineswegs zaghafter gewesen als in parlamentarischen Demokratien mit alternierenden Regierungen, wie sich am Beispiel der Gesundheitsversicherung und des Rentensystems zeigen läßt.[118] An die Stelle des zwischenparteilichen Wettbewerbs tritt die innerparteiliche Konkurrenz der Faktionen, die die Wählererwartungen aus den Wahlkreisen artikuliert und damit die sozialpolitische Kritik der Opposition neutralisiert. Die japanische Politik ist somit unter dem Einfluß internen Wandels und äußeren Drucks weit flexibler, als es ihrem immobilen Image entspricht. Trotz des Fehlens einer Machtbalance zwischen Regierung und Opposition ist der politische Entscheidungsprozeß in einem erstaunlich hohen Umfang effektiv und responsiv. Die Orientierungsmaßstäbe dieser Entscheidungen entspringen weniger kulturell geprägten Standards als vielmehr einer rationalen Definition der eigenen politischen, wirtschaftlichen und sozialen Interessen durch die politische Führungsschicht.

Während die Einkommensverteilung in Japan im Vergleich zu allen anderen Industriestaaten deutlich egalitärer ist[119], hat sich der Besitz von Grund und Boden nach der Landreform nach dem Zweiten Weltkrieg ungleichmäßiger unter den verschiedenen Bevölkerungsgruppen verteilt. Dem entspricht, daß die japanische Regierung durch Subventionen an Landwirte und Kleinunternehmer zwar die Gleichverteilung der Einkommen gefördert, zugleich aber der Konzentration des Grundbesitzes nicht entgegengewirkt hat. Hierin kommt ein politischer Zielkonflikt zum Ausdruck, der sich in ständigen Schwankungen der japanischen Innenpolitik zwischen Beharrung und Reform, Marktorientierung und Sozialstaatsprinzipien niederschlägt. So weicht Japan auch von den typischen wirtschaftspolitischen Profilen Europas und Amerikas ab, indem es in der gesamten Nachkriegszeit hohe wirtschaftliche Expansion mit niedriger Arbeitslosigkeit und hoher Geldwertstabilität verbinden konnte.

Das Amt für Wirtschaftsplanung der Regierung (EPA) hält den derzeitigen Umfang der staatlichen Sozialleistungen für unzureichend.[120] Es beruft sich dabei auf die Ergebnisse von Repräsentativumfragen, nach denen vor allem die öffentlichen Infrastrukturleistungen im Bereich des Verkehrswesens, der Gesundheitsvorsorge und der sozialen Sicherung als unzulänglich angesehen werden. Zudem sind Alte und Behinderte immer schwerer in die Gesellschaft zu integrieren. Die öffentliche Infrastruktur im Bereich der Verkehrswege, der sozialen Sicherung, des Wohnungsbaus und der Naherholungsmöglichkeiten sind daher quantitativ und qualitativ zu verbessern.

Was den Umfang der Ausgaben für Forschung und Entwicklung sowie die Zahl der Forscher angeht, gehört Japan einer internationalen Spitzengruppe der führenden Industrieländer (USA, Frankreich, Großbritannien, Deutschland) an. In diesen Ländern sind die Forschungs- und Entwicklungsausgaben in den letzten Jahrzehnten beträchtlich gestiegen. In Japan ist dieses Wachstum vor allem auf eine starke Steigerung der industriellen Forschungs- und Entwicklungsausgaben zurückzuführen.[121] Ein internationaler Vergleich zeigt, daß die staatliche finanzielle Förderung der industriellen Forschung und Entwicklung in Japan kleiner ist als in anderen Industriestaaten.

Auch künftig will die japanische Regierung eine international führende Rolle in der Technologiepolitik spielen und bisherige Schwächen der Grundlagenforschung durch eine stärkere Förderung dieses Bereichs beseitigen. Das soll durch Ausbau der staatlichen Forschungsförderung, durch Verbesserung der Rahmenbedingungen sowie durch eine stärkere Beteiligung ausländischer Forscher geschehen.

Hatte sich die Industrieförderung durch das Außenhandels- und Industrieministerium (MITI) in den 60er Jahren auf Chemie- und Schwerindustrie konzentriert, so verlagerte sich dieser Schwerpunkt in den beiden folgenden Jahrzehnten auf Elektronik, wissensintensive und energiesparende Technologien.[122] Für die 90er Jahre fordert das MITI größere Beiträge Japans zur internationalen Gemeinschaft und eine stärkere Berücksichtigung der bisher vernachlässigten Lebensqualität. Um Verbraucherinteressen stärker als bisher zu berücksichtigen, will die Regierung neue Distributionssysteme fördern, das Arbeitsplatzumfeld verbessern und einer weiteren politischen und wirtschaftlichen Konzentration in Tokyo entgegenwirken. International will sich das Ministerium stärker an der Lösung der Schuldenkrise in der Dritten Welt und an Maßnahmen des globalen Umweltschutzes beteiligen.

Die knappen parlamentarischen Mehrheitsverhältnisse zwingen der Liberaldemokratischen Partei zudem eine Revision ihres wirtschafts- und sozialpolitischen Standorts auf. Ihre durch vielfältige Verbundnetze abgestützte wirtschaftsfreundliche Politik hat in einer Phase aufholender Modernisierung die internationale Wettbewerbsfähigkeit Japans gesichert. Jetzt ist es an der Zeit, diese Modernisierungs- und Wachstumspolitik zu überprüfen und den Interessen der Verbraucher einen höheren Rangplatz in der Wirtschafts-, Sozial-, Außenhandels- und Technologiepolitik einzuräumen. Denn die vom *Maekawa*-Bericht geforderte stärkere Verbraucherorientierung der Wirtschaftspolitik ist auf halbem Wege stehengeblieben und hat Bodenreform, Wohnungsbau und Handelssystem nicht ausreichend erfaßt.[123]

Ausblick

Politik und Gesellschaft im Wandel

Zu Beginn der Modernisierung hatte Japan als Ziel von Politik und Gesellschaft die Anpassung an den Westen ausgegeben: Die ›konservativen‹ Politiker traten im Rahmen dieses Ziels für weitreichende Reformen in Wirtschaft und Gesellschaft ein, während ›progressive‹ Politiker die eher ›konservativen‹ Ziele des Umweltschutzes und der Eindämmung des wirtschaftlichen Wachstums verfolgten. Waren die Konservativen die Promotoren der Modernisierung, so verstanden sich die Progressiven als Mentoren einer behutsamen Anpassung. Mit dem Erreichen der Modernisierungsziele hat diese Frontstellung viel von ihrer Gestaltungskraft eingebüßt. Nunmehr werden die politischen Wertorientierungen offener; politische Verhaltensweisen werden vielgestaltiger, und die breite neue Mittelschicht zeigt weniger Aufgeschlossenheit für politische Ideologien als jemals zuvor. Das Ergebnis dieser Entwicklung ist ein pragmatisches, flexibles Modell der Organisation von Politik, Gesellschaft und Wirtschaft, das Beobachtern als einzigartige Synthese aus ›protestantischem‹ Kapitalismus, ›französischer‹ Bürokratie, ›deutschem‹ Korporatismus und ›amerikanischem‹ Pragmatismus erscheint.[124]

Im letzten Jahrzehnt des 20. Jahrhunderts steht Japan vor neuen Herausforderungen: Es wird seine Wirtschaftsstruktur im Bereich der Hochtechnologien weiterentwickeln, seinen Inlandsmarkt öffnen und die notwendigen wirtschaftlichen und politischen Reformen durchführen müssen. Zugleich wird Japan eine stärkere internationale Rolle wahrnehmen. Denn seit zwei Jahrzehnten stellt der fernöstliche Technologiestaat eine wirtschaftliche Weltmacht dar, deren internationale Verantwortung für die künftige Entwicklung der Weltwirtschaft und die Handlungsfähigkeit der Vereinten Nationen unübersehbar ist.

Andererseits sieht sich die japanische Politik einer universellen Entwicklungstendenz moderner politischer Systeme gegenüber: Deren Aufgaben werden umfassender und heterogener. Der Trend zum ›Big Government‹ macht die Entscheidungsstrukturen komplexer und die Apparate schwerfälliger. Der Regierungsapparat zerklüftet sich und wird immer mehr zur Arena widerstreitender Interessen. Autorität und Führungskompetenz der Regierung nehmen auch unter dem Einfluß anhaltender innenpolitischer Krisen und Skandale ab. Den damit verbundenen Gefahren haben Politik und Gesellschaft bislang durch einen ›schlanken‹ Staat, eine leistungsfähige Verwaltung, dynamische Unternehmen und ein weit gestecktes Beratungs- und Koordinationssystem zwischen Politik und Wirtschaft begegnen können.

Zugleich zeigt das politische System aber Züge der Stagnation und Selbstzufriedenheit. Gesellschaften mit einem hohen Konsensniveau wie in Japan können sich zwar auf Dauer mit einer Politik inkrementalen Wandels begnügen, verzichten dann aber zugleich auf die Chance einer Politik mit langfristiger Perspektive. Eine solche Perspektive hat aber auch die Opposition nicht anzubieten. Ein Regierungswechsel würde in einem integrierten Parteiensystem weder die Aufgabe eines Mindestmaßes an politischer Kontinuität noch die Gefährdung des nationalen Konsensus zur Folge haben. Die Verspätung des Wechsels in Japan hat aber, wie die nicht abreißende Kette von Skandalen zeigt, Stagnation und Korruption begünstigt. Drei Szenarien der künftigen Entwicklung lassen sich somit vorstellen[125]: 1. ein fragmentiertes politisches System auf der Grundlage eines zersplitterten Parteiengefüges, das sich nach innen kehrt und zusätzliche Konflikte mit Partnerländern verursacht, 2. eine Allparteienregierung mit einem hohen Grad an politischem Immobilismus und 3. ein Zweiparteiensystem, das Freiheit und Chancengleichheit gewährleistet und sich in die internationale Staatengemeinschaft integriert. Allein die dritte Perspektive scheint innen- und außenpolitisch auf Dauer erstrebenswert.

Auf der ›Habenseite‹ der japanischen Demokratie stehen ein hohes Maß gesellschaftlicher Stabilität und Produktivität, eine relativ gleiche Einkommens- und Wohlstandsverteilung und die durch den ›kreativen Konservativismus‹ (Pempel) gesicherte effektive Regierungsweise. Dem stehen auf der ›Sollseite‹ eine eingeschränkte Chance des Machtwechsels, institutionelle Verzerrungen und Belastungen des politischen Wettbewerbs, politische Skandale und die Diskriminierung von Minderheiten gegenüber. Doch das Bewußtsein für diese Mängel nimmt zu. Japans politisches System bleibt eine faszinierende asiatische Demokratie im ›westlichen‹ Gewande, die ihre Stabilität im Wandel aber noch erweisen muß. Denn wachsender Massenwohlstand und steigende Erwartungen schaffen in der ›postindustriellen Gesellschaft‹ keineswegs sozialen Frieden, sondern lösen neue Spannungen und Konflikte aus. Diese wiederum machen wirksamere und bindendere politische Entscheidungen erforderlich.

In drei von vier Ecken des Plenarsaals des japanischen Parlaments befinden sich Standbilder von Abgeordneten, die sich um die Entwicklung ihres Landes verdient gemacht haben. Die vierte ist leergeblieben, weil das Parlament nach führungsstarken Persönlichkeiten Ausschau hält, die Staat und Gesellschaft einen sollen. Das leere Podest, das zur Parlamentseröffnung und bei den ersten Parlamentsreden neu gewählter Abgeordneter mit einem Bonsai geschmückt wird, ist für viele Symbol einer freiheitlichen Demokratie: Es erinnert daran, daß Politik immer unvollkommen bleibt.

Anmerkungen

[1] Masao Maruyama, Denken in Japan, Frankfurt a. M. 1988, S. 73.

[2] Vgl. Roger Bersihand, Geschichte Japans von den Anfängen bis zur Gegenwart, Stuttgart 1963; Richard Storry, Geschichte des modernen Japan, München 1962.

[3] Vgl. hierzu Joseph Pittau, Political Thought in Early Meiji Japan, 1868–1889, Cambridge (Mass.) 1967; Wilhelm Röhl, Die Japanische Verfassung, Frankfurt a. M./Berlin 1963, S. 147; Nobutaka Ike, The Beginnings of Political Democracy in Japan, Baltimore 1950, S. 188.

[4] Vgl. Robert A. Scalapino, The Politics of Development. Perspectives on Twentieth-Century Asia, Cambridge (Mass.) 1989, S. 1,6ff.

[5] Vgl. Rüdiger Machetzki, Modernisierungsprozesse in Ostasien: Von der Bedeutung des Kulturellen für das Wirtschaften, Hamburg 1993, S. 27.

[6] Vgl. John Whitney Hall, Changing Concepts of the Modernization in Japan, in: Marius B. Jansen (Hrsg.), Changing Japanese Attitudes Toward Modernization, Princeton (N. J.) 1965, S. 8.

[7] Vgl. Albert Craig, Introduction, in: ders. (Hrsg.), Japan A Comparative View, Princeton 1979, S. 4ff.

[8] Vgl. Walt W. Rostow, Stadien des wirtschaftlichen Wachstums. Eine Alternative zur marxistischen Entwicklungstheorie, Göttingen 1960.

[9] Vgl. Alexander Gerschenkron, Economic Backwardness in Historical Perspective, Cambridge (Mass.) 1962, S. 5–31.

[10] Vgl. Henry Rosovsky, Japan's Tradition to Economic Growth, 1868–1885, in: ders., Industrialization in Two Systems: Essays in honour of Alexander Gerschenkron, New York, London, Sydney 1966, S. 93ff.

[11] Vgl. Ronald P. Dore, Industrial Relations in Japan and Elsewhere, in: Albert Craig, Japan. An Alternative View, Princeton 1979.

[12] Sekretariat des Verfassungsausschusses (Hrsg.), Die Verfassung Japans, Tokyo 1952, S. 3.

[13] Vgl. Ernst Lokowandt, Die Stellung des Tennō in der Staatsführung, in: Oriens Extremus, 33. Jhg., Heft 1, 1990, S. 49–64.

[14] Umfrage vom 10. Januar 1989 (Yomiuri Shimbun), nach: Neues aus Japan, Nr. 331, 1990, S. 14.

[15] Vgl. Peter Fischer, Zwischen Politik und Religion: Der Streit um die Thronfolgeriten in Japan, in: Manfred Pohl (Hrsg.), Japan 1990/91, Hamburg 1991, S. 100–122.

[16] Vgl. Jichi Sogo Center, Election System in Japan, Tokyo, 1986, S. 5.

[17] Vgl. Kasumigaseki Political Affairs Study Group, The Diet, Elections and Political Parties, Tokyo 1990, S. 19.

[18] Vgl. Jichisho-senkyōbu (Ministerium für Selbstverwaltung, Wahlabteilung), Shūgiin giin sōsenkyō. Kekkachō (Untersuchungsergebnisse zur Unterhauswahl), Tokyo 18. 2. 1990, S. 7

[19] Vgl. Mitsuhanu Yajima, Hai, kochira Ishihara Shintarō jimusho desu (Ja, hier ist das Büro von Ishihara Shintarō), Tokyo 1991, S. 16–64.

[20] Vgl. Jichi Sogo Center, Local Public Administration in Japan, Tokyo, März 1990, S. 22ff; vgl. auch Jichitai kokusaika kyōkai (CLAIR), Nihon no chiho-gyōsei nyūmon-handobukku (An Introduction to Local Administration in Japan), Tokyo 1990, S. 96–116.

[21] Vgl. zum folgenden Steven R. Reed, Japanese Prefectures and Policymaking, Pittsburgh 1986, S. 154f., 163, 167ff.

[22] Vgl. Ronald P. Dore, Landreform in Japan, London 1952, S. 393f.

[23] Vgl. Chie Nakane, Die Struktur der japanischen Gesellschaft, Frankfurt/M. 1985, S. 122f.

[24] Chitoshi Yanaga, Japanese People and Politics, New York-London 1956, S. 41.

[25] Vgl. Sepp Linhart, Die japanische Gesellschaft, in: Der Bürger im Staat. Mythos Japan, hersg. von der Landeszentrale für politische Bildung Baden-Württemberg, 35 Jahrgang, Heft 1, Stuttgart 1985, S. 21.

[26] Vgl. National Institute For Educational Research, Basic Facts And Figures About The Educational System in Japan. Tokyo 1988, S. 75.

[27] Vgl. Ulrich Teichler, Arbeit und Ausbildung in Japan, Hagen 1987, S. 88.

[28] Vgl. Hans-Bredow-Institut (Hrsg.), Internationales Handbuch für Rundfunk und Fernsehen 1990/91, Baden-Baden 1990. S. E 75.

[29] Vgl. Takafusa Nakamura, Wirtschaftliche Entwicklung des modernen Japan, Bonn 1985, S. 108.

[30] Vgl. Japan Statistical Yearbook 1990, Tokyo 1990, S. 70.

[31] Vgl. Nihon tōkei getsu hō (Monthly Statistics of Japan), Tokyo, August 1991, S. 3, 15.

[32] Vgl. Prime Minister's Office, Public Opinion Survey on the Life of the Nation (Summary), Tokyo 1990.

[33] Vgl. zum folgenden Jürgen Hartmann, Politik in Japan. Das Innenleben einer Wirtschaftsweltmacht, Frankfurt a. M./New York 1992, S. 13f., 64, 74.

[34] Vgl. Oskar Weggel, Die Asiaten. Gesellschaftsordnungen, Wirtschaftssysteme, Denkformen, Glaubensweisen, Alltagsleben, Verhaltensstile, München 1989.

[35] Vgl. Tadashi Fukutake, The Japanese Social Structure. Its Evolution in the Modern Century, Tokyo 1982, S. 27, 49ff.

[36] Vgl. Chie Nakane, Die Struktur der japanischen Gesellschaft, a.a.O., S. 16f., 43ff., 65ff.

[37] Bradley M. Richardson/Scott C. Flanagan, Politics in Japan, Boston/-Toronto 1984, S. 217.

[38] Erst Ende des 19. Jahrhunderts wurde das dem Niederländischen entlehnte Wort ins Japanische übertragen und der Offentlichkeit erläutert.

Vgl. Takeshi Ishida, Die Einführung westlicher politischer Begriffe in Japan: zur Reaktion nicht-westlicher Gesellschaften auf den Einfluß des Westens. In: Peripherie. Zeitschrift für Politik und Ökonomie in der Dritten Welt, Nr. 27 (7. Jhg.), 1987, S. 7–21.

[39] Vgl. Gerhard Lehmbruch, Proporzdemokratie. Tübingen 1967, S. 13.

[40] T. J. Pempel/Keiichi Tsunekawa, Corporatism without Labor? The Japanese Anomaly, in: Philippe C. Schmitter/Gerhard Lehmbruch (Hrsg.), Trends toward Corporatist Intermediation, Beverly Hills/London 1979, S. 231–270.

[41] Vgl. Christoph Deutschmann, Die Individualisierungsthese im theoretischen und historischen Kontext, in: Japanisch-Deutsches Zentrum Berlin/Vereinigung für sozialwissenschaftliche Japanforschung, Wissenschaftliche Jahrestagung „Individualisierung in der japanischen Gesellschaft", Berlin 1992, S. 9–21.

[42] Vgl. Georg Simmel, Grundfragen der Soziologie, Berlin 1970, 3. Aufl., S. 91f.; ders., Schriften zur Soziologie, Frankfurt a.M. 1983, S. 53ff, 267ff., 290f.

[43] Vgl. Masao Maruyama, Patterns of Individuation and the Case of Japan: A Conceptual Scheme, in: Marius B. Jansen (Hrsg.), Changing Japanese Attitudes Toward Modernization, Princeton (N.J.) 1972, S. 489–531.

[44] Vgl. Sorifu kōhōshitsu-hen, Gekkan yōron-chōsa (Amt des Premierministers/Abteilungfür Öffentlichkeitsarbeit, Hrsg., Monatliche Meinungsumfragen), Tokyo, August 1992, S. 14f.

[45] Vgl. Bradley M. Richardson, The Political Culture of Japan, Berkeley 1974, S. 3, 42.

[46] Vgl. hierzu J. C. Hepburn, A Japanese and English Dictionary, Shanghai 1867; Masaki Sōgō u.a. (Hrsg.), Meiji-no kotoba-jiten, Tokyo 1986; Tetsuji Morohashi u.a. (Hrsg.), Kō-kanwa-jiten, Tokyo 1981/82; Nihon daijiten kankō-kai, Nihon kokugo daijiten, Tokyo 1982–86. Für Hinweise auf diese Zusammenhänge ist der Verfasser Andreas Göbel zu Dank verpflichtet.

[47] Thomas Immoos, Japan – Archaische Moderne, München 1990.

[48] Vgl. Takeshi Ishida, Japanese Political Culture. Change and Continuity, New Brunswick/London 1983, S. 23ff.

[49] Vgl. Norbert R. Adami, Verantwortung in Japan – gibt es das?, in: Münchner japanischer Anzeiger, vol. 1/2, 1992, S. 21–30.

[50] Vgl. Henrik Schmiegelow/Michèle Schmiegelow, How Japan affects the international system, in: International Organisation, vol. 44, No. 4, 1990, S. 574ff.

[51] Vgl. Masuda Foundation, Japanese Systems. An Alternative Civilization, Yokohama 1992, S. 61, 78.

[52] Vgl. Prime Minister's Office, Public Opinion Survey on Society and State, Tokyo 1991, S. 2–5.

[53] Mehrfachnennungen. Zum nach wie vor hohen Stellenwert der beruflichen Leistungsmotivation siehe: Institute for Group Dynamics, Meaning of Working Life, Tokyo 1992.

[54] Vgl. Bradley M. Richardson, Social Networks, Influence Communications, and the Vote, in: Scott C. Flanagan/Shinsaku Kohei/Ichiro Miyake/Bradley M. Richardson/Joji Watanuki, The Japanese Voter, New Haven/London 1991, S. 332–366.

[55] Vgl. hierzu Gesine Foljanty-Jost, Konfliktregulierung durch Integration: Ein Weg zu politischer Stabilität, in: Japanstudien. Jahrbuch des Deutschen Instituts für Japanstudien, Bd. 3 1991, München 1992, S. 146f.

[56] Vgl. Masao Maruyama, Patterns of Individuation ..., a.a.O., S. 531.

[57] Vgl. Ronald Inglehart, The Silent Revolution: Changing Values and Political Styles among Western Publics, Princeton (N.J.) 1977.

[58] Vgl. zum folgenden Scott Flanagan, Value Change and Partisan Change in Japan. The Silent Revolution Revisited, in: Comparative Politics, vol. 11, Nr. 3, 1979, S. 253–278.

[59] Vgl. Scott C. Flanagan, Changing Values in Advanced Industrial Societies: Inglehart's Silent Revolution from the Perspective of Japanese Findings, in: Comparative Political Studies, vol. 14, Nr. 4, 1982, S. 403–444.

[60] Vgl. Manfred Pohl, Innenpolitik 1991/92: Höhepunkte und Tendenzen, in: ders., (Hrsg.), Japan 1991/92, Politik und Wirtschaft, Hamburg 1992, S. 41ff., 74ff.

[61] Vgl. Sorifu kōhōshitsu-hen, a.a.O., S. 31.

[62] Vgl. Asahi Shimbun, Hachi-wari ga seiji fushin (80 Prozent mißtrauen der Politik), 10. November 1992, S. 1.

[63] Vgl. hierzu auch Samuel P. Huntington, Postindustrial Politics: How Different will it be?, in: James William Morley (Hrsg.), Prologue to the Future. The United States and Japan in the Postindustrial Age, Lexington (Mass.) 1974, S. 89–127.

[64] Vgl. Manfred Pohl, Die Parteien Japans, in: ders. (Hrsg.), Japan 1990/91, a.a.O., S. 48ff.

[65] Vgl. LDP Liberal Democratic Party and its Central office, Tokyo 1989; zur Geschichte der LDP siehe auch: LDP, Thirty-Year History of the Liberal Democtratic Party, Tokyo o.J.

[66] Vgl. Gerald L. Curtis, The Japanese Way of Politics, New York 1988, S. 23.

[67] Vgl. R. J. Hrebenar, The Japanese Party System. From One-Party Rule to Coalition Government, London 1986, S. 220f.

[68] Vgl. Gay W. Cox/Frances Rosenbluth, Factional Competition for the Party Endorsement: The Case of Japan's Liberal Democratic Party, Paper, APSA 1992 Annual Meeting, Chicago, September 3–6, 1992.

[69] Vgl. Jichishō, Hei sei sannen seiji shikin shūshi hōkokusho no gaiyō (Ministerium für Selbstverwaltung, Bericht über die Bilanz der Parteifinanzen zum Jahre 1991, Kurzfassung) Tokyo, 11. September 1992, S. 1/2.

[70] Vgl. Jichishō, Heisei sannen seijishikin/shūshi hōkokusho no yōshi no kohyo ni tomonau setsumei shiriyo (Ministerium für Selbstverwaltung, Erläuternde Materialien zu wesentlichen Punkten der Veröffentlichung des Jahresberichts der Parteifinanzen 1991), Tokyo, 11. September 1992, S. 12.

[71] Vgl. Scott C. Flanagan, The Changing Japanese Voter and the 1989 and 1990 Elections, in: ders./Shinsaku Kohei/Ichiro Miyake/Bradley M. Richardson/Joji Watanuki, The Japanese Voter, a.a.O., S. 431–468.

[72] Vgl. hierzu Y. Tsujinaka, Rōdōkai no saihen to hachijūrokunen taisei no imi (Regrouping in Labor: The Meaning of the 1986-System. Relations Between Trade Unions, Conservative Party and Government, 1975–86), in: Leviathan, Nr. 1, Tokyo 1987, S. 58; zit. nach: Wolfgang Seifert, Some Thoughts on the Problem of Internal Union Democracy in Japan, in: Economic and Industrial Democracy, vol. 9, London/Beverly Hills/New Delhi 1988, S. 373–395.

[73] Vgl. Gesine Foljanty-Jost, Konfliktregelung durch Integration: Ein Weg zu politischer Stabilität, a.a.O., S. 129–151.

[74] Research Institute for Peace and Security Tokyo, Asian Security 1990–91, Tokyo 1990, S. 107 (Übers. Verf.).

[75] Vgl. Takashi Inoguchi, The Political Economy of Conservative Resurgance under Recession: Public Policies and Political Support in Japan, 1977–1983, in: T. J. Pempel (Hrsg.), Uncommon Democracies. The One-Party Dominant Regimes, Ithaka/London 1990, S. 189–225.

[76] Vgl. Hideo Ōtake, Defense Controversies and One-Party Dominance: The Opposition in Japan and West Germany, in: T. J. Pempel (Hrsg.), Uncommon Democracies. The One-Party Dominant Regimes, Ithaka/London 1990, S. 160f.

[77] Karel van Wolferen, Vom Mythos der Unbesiegbaren. Anmerkungen zur Weltmacht Japan, München 1989, S. 57.

[78] Vgl. Wilhelm Bürklin, Wählerverhalten und Wertewandel, Opladen 1988, S. 21, 25, 54.

[79] Vgl. Seymour Martin Lipset/Stein Rokkan (Hrsg.), Party Systems and Voter Alignments, New York 1967, S. 14

[80] Vgl. Joji Watanuki/Ichirō Miyake/Takashi Inoguchi/Ikuo Kabashima, Nihonjin no senkyo kodo (Das Wahlverhalten der Japaner), Tokyo 1986; dies., Electoral Behavior in the 1983 Japanese Elections, Tokyo 1986, S. 1–7.

[81] Vgl. Michitoshi Takabatake, Gendai Nihon no seitō to senkyo (Parteien und Wahlen im Japan der Gegenwart), Tokyo 1980, S. 138f., 288f.

[82] Vgl. Akarui senkyo suishin kyōkai (Gesellschaft zur Förderung transparenter Wahlen), Sangiin giin tsūjō senkyo no jittai – chōsa kekka no gaiyō (Die Situation der Oberhauswahlen – Zusammenfassung der Untersuchungsergebnisse), Tokyo 1993.

[83] Vgl. Takashi Inoguchi, Explaining and Predicting Japanese General Elections, 1960–1980, in: The Journal of Japanese Studies, vol. 7, No. 2, 1981, S. 287.

[84] Vgl. „Kinkuyu-resei" ni mujun santen (Drei Widersprüche in der „Dringenden Revision"), in: Asahi Shimbun, 11. Juni 1992, S. 5.

[85] Vgl. Senkyoseido shingikai (Wahlreformkommission), Shugiin-giin no senkyoku-no kuwari ni tsuite no toshi (Bericht zur Wahlkreiseinteilung für die Unterhauswahlen), Tokyo 1991.

[86] Vgl. Yomiuri Shimbun, 26. Juni 1991: Shuin shosenkyoko kuwari antoshin. Senkyoshin (Wahlsystemausschuß. Bericht über Wahlkreiseinteilung für Unterhauswahlen).

[87] Vgl. Peter Landers, Small parties fight to block reform, in: The Japan Times, Weekly International Edition, September 2–8, 1991, S. 7.

[88] Vgl. Toshihiro Ando, Political rift threatens to sunder ruling party, in: The Nikkei Weekly, 22. Februar 1993, S. 7.

[89] Vgl. Senkyoseido shingikai (Wahlsystemausschuß), Senkyo-no fuhaikōi-ni taisuru seisai kyōka-no tameno ataratana sochi ni tsuite-no tōshin (Bericht über neue Methoden zur Strafverschärfung bei Wahlkorruption), Tokyo 1991.

[90] Vgl. Ellis S. Kraus/Jon Pierre, The Decline of Dominant Parties: Parliamentary Politics in Sweden and Japan in the 1970s, in: T. J. Pempel (Hrsg.), Uncommon Democracies. The One-Party Dominant Regimes, Ithaka/-London 1990, S. 226–259.

[91] Vgl. hierzu den Kommentar von Joji Watanuki, Ichirō Miyake, Takashi Inoguchi und Kafu Urashima („Die Wahlaktivitäten der Japaner"), hrsg. von: Akarui senkyo-suishin-kyōkai (Gesellschaft zur Förderung transparenter Wahlen), Daisanjūhakkai shūgiin-giin-sōsenkyo daijūyonkai sangiin-giin-tsujōsenkyo. Seronchōsa-no gaiyō (Ergebnis der 38. Unterhaus- und 14. Oberhauswahlen – Abriß einer Meinungsumfrage), Tokyo 1990, S. 8ff.

[92] Vgl. Akarui senkyo suishin kyōkai (Gesellschaft zur Förderung transparenter Wahlen), Watakushitachi to senkyo (Wir und die Wahlen), Tokyo 1991, S. 161ff.

[93] Vgl. Akarui senkyo suishin kyōkai, Sangiin giin tsūjō senkyo no jittai, Tokyo 1993, a.a.O., S. 49–52.

[94] Vgl. Takashi Inoguchi, Japan 1960–1980: Party Election Pledges, in: Ian Budge/David Robertson/Derek Hearl (Hrsg.), Ideology Strategy and Party Change: Spatial Analyses of Post-War Election Programmes in 19 Democracies, Cambridge u.a. 1985, S. 369–387. Der Analyse liegen die Wahlkampfaussagen der Parteien zugrunde, wie sie von Asahi Shimbun vor jeder Wahl zusammenfassend veröffentlicht werden.

[95] Vgl. Takashi Inoguchi, Political Surfing over Economic Waves: A Simple Model of the Japanese Political-Economic System in Comparative Perspektive, IPSA, Moskau 12. – 18. August 1979, S. 4f.

[96] Vgl. Seizaburo Satō, Institutionalization and Democracy in Japan, in: Robert A. Scalapino/Seizaburo Satō/Jusuf Wanandi (Hrsg.), Asian Political Institutionalization, Berkeley 1986, S. 108.

[97] Vgl. Akarui senkyo suishin kyōkai (Gesellschaft zur Förderung transparenter Wahlen), Senkyo-ni kansuru zenkoku ishiki chōsa (dainikai) – genshiryō – (2. Nationale Meinungsumfrage zu Wahlen – Materialien –), Tokyo Juli 1991, S. 366ff.. Die Umfrage wurde von dem Meinungsforschungsinstitut Chuōchōsasha im Frühjahr 1991 durchgeführt (Sample: 3000; Zufallsstichprobe).

[98] Vgl. Michitoshi Takabatake, Political Reform Objectives, in: The Japan Times, 12. August 1991, S. 20.

[99] Vgl. Sekyoseido shingikai (Wahlreformkommission), Senkyoseido seiji shikin seido ni tsuite no hōkoku (Bericht über die Reform des Wahlsystems und der politischen Finanzierung), Tokyo, 26. April 1990.

[100] Vgl. Michitoshi Takabatake, Political Reform Objectives, in: The Japan Times, 12. August 1991, S. 20.

[101] Vgl. Paul Eckert, For the ruling party, politics is a Family affair, in: The Nikkei Weekly, 28. Dezember 1992, S. 2.

[102] Jiminnai ni kishimi (Es knirscht in der LDP), in: Asahi Shimbun, 26. April 1992, S. 2.

[103] Vgl. The Nikkei Weekly, 1. März 1993, S. 2.

[104] Vgl. William R. Nester, The Foundation of Japanese Power. Continuities, Changes, Challenges, Basingstoke 1990, S. 11f.

[105] Vgl. Frances McCall Rosenbluth, Financial Politics in Contemporary Japan, Ithaka/London 1989, S. 7ff.

[106] Vgl. Richard J. Samuels, The Business of the Japanese State. Energy Markets in Comparative and Historical Perspective, Ithaka/London 1987, S. 8f., 286f.

[107] Vgl. Seizaburo Satō,/Tetsuhisa Matsuzaki, Jimintō seiken (Die LDP-Regierung), Tokyo 1986.

[108] Vgl. Junko Kato, Bureaucratic Rationality in Question: Tax Politics in Japan, APSA Annual Meeting 1992, Paper, Chicago, September 3–6, 1992.

[109] Vgl. Hitoshi Abe/Muneyuki Shinto/Sadafumi Kawato, Gendai Nihon no seiji (Die Politik des gegenwärtigen Japan), Tokyo 1990, S. 55.

[110] Vgl. Michio Muramatsu/Mitsutoshi Itō/Yutaka Tsujinaka, Nihon no seiji (Die Politik Japans), Tokyo 1992, S. 221.

[111] Vgl. Ellis Krauss, Conflict in the Diet: Toward Conflict Management in Parliamentary Politics, in: ders./Thomas P. Rohlen/Patricia Steinhoff (Hrsg.), Conflict in Japan, Honolulu 1984, S. 243–293; Seizaburō Satō/-Matsuzaki Tetsuhisa, Jimintō seiken (Die Regierung der Liberaldemokratischen Partei), Tokyo 1986, S. 129f.

[112] Vgl. Takako Kishima, Political Life in Japan. Democracy in a Reversible World, Princeton (N.J.) 1991, S. 30.

[113] Vgl. Kent E. Calder, Crisis and Compensation, Public Policy and Political Stability, Princeton (N.J.) 1988, S. 21.

[114] Vgl. Frances McCall Rosenbluth, The Domestic Politics of Internationalization in Japan: Shifting Coalitions and Institutional Adjustment, APSA Meeting 1992, Paper, Chicago, September 1992.

[115] Vgl. UNDP, Human Development Report 1991, Cary (N.C.) 1991.

[116] Vgl. zumfolgenden die grundlegende Studie von T. J. Pempel, Policy and Politics in Japan. Creative Conservatism, Philadelphia, 1982, S. 297ff.

[117] Vgl. Margaret A. McKean, Equality, in: Takeshi Ishida/Ellis S. Krauss (Hrsg.), Democracy in Japan, Pittsburgh 1989, S. 201–224.

[118] Vgl. Martin Collick, Social Policy: Pressures and Responses, in: J. A. A. Stockwin u.a., Dynamic and Immobilist Politics in Japan, Honolulu 1988, S. 205–236.

[119] Vgl. Martin Schnitzer, Income Distribution: A Comparative Study of the United States, Sweden, West Germany, East Germany, the United Kingdom, and Japan, New York 1974.

[120] Vgl. Economic Planning Agency, White Paper on the Life of the Nation, FY 1990 (Summary), Tokyo 1991, S. 1–6.

[121] Vgl. Japanese Government. Science and Technology Agency, White Paper on Science and Technology (Summary), Tokyo 1990, S. 18.

[122] Vgl. Ministry of International Trade and Industry, MITI Handbook 1990, Tokyo 1990, S. 12f.

[123] Vgl. Yomiuri Shimbun, Shasetsu (Leitartikel), 15. August 1991.

[124] Vgl. Michèle Schmiegelow, Japans Antwort auf Krise und Wandel in der Weltwirtschaft, Hamburg 1989, S. 400–418.

[125] Vgl. Reizo Utagawa, Brave New World: Can Japanese Domestic Politics Change?, International Institute for Global Peace, Policy Paper 89 E, Tokyo, April 1992, S. 1.

Abkürzungsverzeichnis

DSP	Demokratisch-Sozialistische Partei
EPA	Economic Planning Agency
JV	Japanische Verfassung
KPJ	Kommunistische Partei Japans
LDP	Liberaldemokratische Partei Japans
MITI	Ministry of International Trade and Industry/ Ministerium für Außenhandel und Industrie
NHK	Nippon Hōsō Kyōkai
NLC	Neuliberaler Club
NPJ	Neue Partei Japans
PARC	Policy Affairs Research Council
SCAP	Supreme Command for the Allied Power
SDPJ	Social Democratic Party of Japan
USA	United States of America

Literaturhinweise

BAERWALD, HANS: Party Politics in Japan, London/Sydney 1986

CALDER, KENT E.: Crisis and Compensation. Public Policy and Political Stability, Princeton (N. J.) 1988

CRAIG, ALBERT: Japan. A. Comparative View, Princeton (N. J.) 1979

CURTIS, GERAL L.: The Japanese Way of Politics, New York 1988

DOI, TAKEO: The Anatomy of the Self: The Individual Versus Society, Tokyo/New York 1985

Deutsches Institut für Japanstudien: Japanstudien, Jahrbuch 1991, Bd. 3, München 1992

FLANAGAN, SCOTT C./KOHEI, SHINSAKU/MIYAKE, ICHIRO/RICHARDSON, BRADLEY M./WATANUKI, JOJI: The Japanese Voter, New Haven/London 1991

FOLJANTY-JOST, GESINE: Kommunale Umweltpolitik in Japan – Alternativen zur rechtsförmlichen Steuerung, Hamburg 1988

FUKUTAKE, TADASHI: The Japanese Social Structure. Its Evolution in the Modern Century, Tokyo 1982

HARTMANN, JÜRGEN: Politik in Japan. Das Innenleben einer Wirtschaftsweltmacht, Frankfurt a.M./New York 1992

IKE, NOBUTAKA: A Theory of Japanese Democracy, Boulder (Col.) 1978

ISHIDA, TAKESHI: Japanese Political Culture. Change and Continuity, New Brunswick/London 1983

ISHIDA, TAKESHI/KRAUS, ELLIS S. (Hrsg.): Democracy in Japan, Pittsburgh 1990

JANSEN, MARIUS B. (Hrsg.): Changing Japanese Attitudes Toward Modernization, Princeton (N. J.) 1965

KASUMIGASEKI Political Affairs Study Group: The Diet, Elections and Political Parties, Tokyo 1990

KEVENHÖRSTER, PAUL: – Das politische System Japans, Opladen 1969 – Wirtschaft und Politik in Japan. Interessengruppen, politische Meinungsbildung und wirtschaftspolitische Entscheidungen, Wiesbaden 1973 – Computerized Policy in Japan. Information Processing in the Japanese Government, Hamburg 1982 – Das Forschungs- und Technologiesystem in Japan. Teil IV: Politischer und gewerkschaftlicher Rahmen für die japanische Forschungspolitik, Köln 1983 (mit Manfred Pohl und Warren Hesse) – Gemeindedemokratie in Gefahr? Zentralisierung und Dezentralisierung als Herausforderungen lokaler Demokratie in Japan und der Bundesrepublik Deutschland, Baden-Baden 1987 (mit Herbert Uppendahl) – Japan. Außenpolitik im Aufbruch, Opladen 1993

KRAUS, ELLIS/ROHLEN, THOMAS P./STEINHOFF, PATRICIA (Hrsg.): Conflict in Japan, Honolulu 1984

KYOGUKU, JUNICHI: The Political Dynamics of Japan, Tokyo 1987

MARUYAMA, MASAO: Denken in Japan, Frankfurt a.M. 1988

MCCALL ROSENBLUTH, FRANCES: Financial Politics in Contemporary Japan, Ithaka/London 1989

MENZEL, ULRICH (Hrsg.): Im Schatten des Siegers: Japan, 4 Bde., Frankfurt a.M. 1989

NAKANE, CHIE: Die Struktur der japanischen Gesellschaft, Frankfurt a.M. 1985

NESTER, WILLIAM R.: The Foundation of Japanese Power. Continuities, Changes, Challenges, Basingstoke 1990

PEMPEL, T. J.: Policy and Politics in Japan: Creative Conservatism, Philadelphi 1982

PEMPEL, T. J. (Hrsg.): Uncommon Democracies. The One-Party-Dominant Regimes, Ithaka/London 1990

POHL, MANFRED: – Japan, München 1991

– Presse und Politik in Japan. Die politische Rolle der japanischen Tageszeitung, Hamburg 1981

POHL, MANFRED (Hrsg.): Japan 1991/92. Politik und Wirtschaft, Hamburg 1992

PROGNOS AG, Basel: Das Forschungs- und Technologiesystem in Japan. Zusammenfassender Abschlußbericht, Köln 1983

REED, STEVEN R.: Japanese Prefectures and Policymaking, Pittsburgh 1986

RICHARDSON, BRADLEY M.: The Political Culture of Japan, Berkeley 1974

RICHARDSON, BRADLEY M./FLANAGAN, SCOTT C.: Politics in Japan, Boston/Toronto 1984

RÖHL, WILHELM: Die Japanische Verfassung, Frankfurt a.M./Berlin 1963

SCALAPINO, ROBERT A.: The Politics of Development. Perspectives on Twentieth-Century Asia, Cambridge (Mass.) 1989

STORRY, RICHARD: Geschichte des modernen Japan, München 1962

TEICHLER, ULRICH: Arbeit und Ausbildung in Japan, Hagen 1987

VAN WOLFEREN, KAREL: Vom Mythos der Unbesiegbaren. Anmerkungen zur Weltmacht Japan, München 1989

WARD, ROBERT E.: Japan's Political System, Englewood Cliffs, N. J., 1978, 2. Aufl.

WEGGEL, OSKAR: Die Asiaten. Gesellschaftsordnungen, Wirtschaftssysteme, Denkformen, Glaubensweisen, Alltagsleben, Verhaltensstile, München 1989.

Personenregister

Sachregister